谨以此书献给

带着教育理想做理想教育的人们！

把一件事情做到底

陈爱玉 著

人民出版社

责任编辑：谷铁波　刘　撼
责任审校：金学勇
封面设计：刘晓翔

图书在版编目（CIP）数据

把一件事情做到底 / 陈爱玉 著 .— 北京：人民出版社，2019.12
ISBN 978-7-01-021594-5
Ⅰ .①把… Ⅱ .①陈… Ⅲ .①中学教育—教育研究 Ⅳ .① G632.0
中国版本图书馆 CIP 数据核字（2019）第 260547 号

把一件事情做到底

（BA YIJIAN SHIQING ZUO DAODI）

陈爱玉　著

人民出版社 出版发行

（100706 北京市东城区隆福寺街 99 号）

北京汇林印务有限公司印刷　新华书店经销

2019 年 12 月第 1 版　2019 年 12 月北京第一次印刷

开本：710 毫米 ×1000 毫米　1/16　印张：19

字数：180 千字

ISBN 978-7-01-021594-5　定价：68.00 元

人民东方发行中心　电话（010）85924663　85924644　85924641

引　言

北京市第171中学创办于1958年，那时候叫北京市红旗学校。

如今，年过甲子的171中学，历经一代又一代171人上下求索、锐意进取、接续奋斗，从东城区重点中学、北京市示范性普通高中，逐步成长为北京市第171中学教育集团（以下为便于表述，依然简称“171中学”），成为一个由9年一贯制学校、名校办分校、学区深度联盟校、城乡一体化建设校等多种办学实体组成的教育集合体。目前拥有8个教学点，教职工1120余名，学生总数达8000余名。

我有幸担任校长的这12个年头，正是我们国家教育、首都教育和东城教育极不平凡的12年。我们一直在思考，如何使我们的教育事业能够更好地与国家发展同频共振，如何使我们的老师和学生能够更好地与时代要求同频共振，如何使我们的教育与百姓需求同频共振。我们提出三个值得深入思考的问题：

第一个问题：
如何培塑和细化一所学校的价值观，使之成为共同遵循？

长期的教育管理实践让我深刻体悟到：要办强一所学校，首先必须提炼出教育的“共同价值理念”。

在171中学，我们的共同价值理念就是——“把一件事情做到底”。这里所说的这件“事情”，大而言之，就是“办学治校”，就是“立德树人”，就是“办家门口的优质学校”；小而言之，就是在教育教学实操层面的执行落实。对认准了的事情，一张蓝图干到底，各司其职干到底，排除干扰干到底，愈挫愈勇干到底。始终坚持“一以贯之，凡事彻底，持续改善”的原则，纵深推进办学治校。在“把一件事情做到底”的价值理念浸润下，大家像愚公移山那样横下心来做事，“甘当教育的愚公”在171中学蔚然成风。这个校本化价值观，是我们吸纳消化各类指导思想、工作要求、人民期盼的总枢纽和总端口，是凝聚学校力量、决定学校发展走向的“魂”。为此我们曾创设多种情境，搭建多种平台，开发多种路径，使集团教职工将“把一件事情做到底”的价值理念，根植于心，使之成为我们办学治校工作的方向标、内动力。

第二个问题：
如何架构和定义把因材施教这件事情做到底的方法论，使之能够真正指导实践？

我们研究工作时总是反复强调，要回归原理，回归规律，回归定律。只有遵循科学的方法论，再结合实际生成解决问题的技术，才能推动学校由大向强。经过反复研究，我们明确了一个可以简称为“123”的工作思路。

“1”，就是一个基本面。我们认为，在实践层面，所有的成功都是基本面的成功。任何一个体系中，做出一两个可以展示给外人看的高峰亮点，坦率地说这不是特别困难的事。而持续的高品质的塑造更值得推崇，因为这必须体现你深厚的匠心，因为你需要“贯览东西南北中”。正如，一个国家、一个企业的强大，也是要依靠基本面的强大。

“2”，就是两句话，叫“只问耕耘”，“静待花开”。我们感到，在教育领域，压根儿就没有“毕其功于一役”的事，只有扎扎实实地厚植于规律之上，日复一日重犁深耕、精细劳作，才能水到渠成、期待丰收，实现学校可持续发展、高水平发展。

“3”，就是我们根据因材施教原理，摸索获得的推进发展的三大定律：正强化定律、梯进定律、螺旋式上升定律。

第三个问题：如何绘制和打磨“把一件事情做到底”的“施工图”，使之能够谋全局、利长远？

科学的“施工图”的确是教育的“最后一米”，是直接用来实践的，但一定要清楚地看到，如果没有认识上的深化，没有合理的顶层设计，也就是共同的价值遵循，是不可能把一所学校推到高阶文化层面的。

当前，单一的改革已不足以缓解学校进入改革深水区之后的发展要求，最终需要依靠体系的力量，因此，需要遵循战略性原则、系统性原则、实践性原则，生成学校高质量发展的整体解决方案。

多年来，在“把一件事情做到底”的价值理念引领下，我们 171 中学在推进教育改革的实践中，经受过磨砺、体验过阵痛、遇到过纠结……但最终，我们选择了坚守、化解了矛盾、生成了经验，师生收获的是沉甸甸的事业、学业硕果。

以上述三个问题作为引子，本书聚焦“北京市 171 中学高质量发展整体解决方案”，进行一次总结、提炼、推演、验证，包括对学校共同价值理念加以提炼，对学校教育综合改革的理论、方法、路径、实践，以及各要素之间的关系和影响等加以研究探索，力求从感性走向理性，进一步深化，活化，体系化。

目 录

第一章

办一所有灵魂的学校

一、培塑、生成学校的“魂”

1. 学校发展的逻辑起点

不说远的，就说近的——清华大学的校训“自强不息，厚德载物”；北京大学的校训“思想自由，兼容并包”或者“爱国、进步、民主、科学”；中国人民大学的校训“实事求是”……这些校训已经成为这几所学校的“魂”。有魂，方有精气神。即便已经过了几十年甚至上百年，这些校魂仍然熠熠生辉，感召着所有的师生甚至更多的人，走向教育价值的高处。

长期的办学实践告诉我们，一所学校有一所学校的逻辑起点，这就需要学校深刻把握大我与小我的关系，发掘和提炼既符合国家倡导的共同价值，又契合学校实际的校本化价值观，实现校本化的价值引领。

2. 什么是“魂”？我们如何塑魂?

我们常讲，一个人“丢魂落魄”，失去了自主能力，会成为一副没有思想、主见的皮囊。

而一个国家、一个党派、一个组织、一支军队、一所学校等等，若是有了魂——共同价值与文化认同，那么就会凝聚为一个坚强的整体，实现哲学意义上的“整体大于各部分之和”。

典型的如房屋。房屋是由砖瓦、木料盖成的，但房屋不等于砖瓦、木料的堆积或者说简单相加，砖瓦、木料的简单堆积并不具有房屋的性能，按照凝聚人类智慧的结构组成房屋后，就可以成为人类的居所，从而有了新的性能，而这个性能必定大于砖瓦、木料的简单堆积。现代战争表明，由先进信息、技术融合而成的作战体系，其战斗力是远远大于各个作战平台相加之和的。

“整体大于各部分之和”，这是一个重要的哲学原理，最早由亚里士多德提出。对于整体与部分的关系，亚里士多德以“整体不是其部分的总和”这个命题更加确切地进行了表述。用现在的话说，系统整体的功能，既可以表现为整体大于部分之和，也可以等于部分之和，还可以小于部分之和，这种综合效应决定于部分之间相互作用的性质。

当各部分以合理（有序）的结构形成整体时，整体就具有全新的功能，整体的功能就会大于各个部分功能之和。而当部分以欠佳（无序）的结构形成整体时，就会损害整体功能的发挥，整体的功能就会小于各个部分功能之和。

一所学校、一家企业、一个党派乃至一个国家，都是一个整体。它们用一种共同价值，将各部分凝聚在一起，使得“整体大于各部分之和”，这已成为人们致力追求的目标。

3. 实现学校育人价值的最大化

对于"魂"的表述，往往是一句话，看似简单，却支撑了整个系统，并使得系统生生不息、基业长青、吾道一以贯之，堪称"超级符号"，比如孔子的"忠恕之道"、孙中山的"天下为公"、中国共产党的"全心全意为人民服务"等等。魂，一定是能感觉到但看不见，而又起着主宰主导的作用的，可以培塑、生成、铸就，也可以抽象继承、推演验证、科学阐释，进而化为一句所有成员都能心神感通并尊崇信奉的话。

企业也是如此，企业家也因精神价值而伟大。比如，在日本经济的发展历史中曾出现的"经营之神"：松下创始人松下幸之助、京瓷创始人稻盛和夫。

松下的"魂"是"素直之心"。松下认为，经营的第一理想应该是贡献社会。以社会大众为企业发展考虑的前提，才是最基本的经营秘诀。企业是一种除贫造富度众生的事业。松下经营中三项最突出的秘诀由此而生，即：自来水经营理念、水坝式经营法和玻璃式经营法。

稻盛和夫的哲学是"敬天爱人"。这是来自中国的文化精髓。稻盛和夫从中国文化中汲取精华，形成了独特的经营哲学。他以阿米巴经营为经营方法，成为白手起家的成功典范。他也是目前唯一健在的经营之圣。

对于一所学校来说，最好也要有自己的"魂"——所有教师、学生内心深处认同的"共同价值"——在这个"共同价值”的引领下，实现价值驱动和文化养成，实现学校育人价值的最大化。对于中小学而言，我们通常把这项营造提炼理念的工作称为“塑魂”，这也是学校文化建设的核心任务。

20 世纪 90 年代一七一中学教学楼

2004 年建成的一七一中学教学楼

二、塑魂的几个重要原则

1. 回归中国文化母体

我们的校魂必须植根于深厚的中华文化，因此，照搬别人的肯定不行。我们应在中国传统文化中寻找挖掘和传承某一个基因。这个基因，实际上早已存在于我们这个民族大众之中。几千年来，它来自中国文化的母体，一说出来，具有广泛的认同性，几乎人人心向往之。

所以，我们需要回归，需要从“本来之处”再出发。提炼的方法是：抽象继承＋现代阐释＋知行一体。文化自信，在这里，是一种现实，而不是一个概念。

2. 服膺于教育的本体、本质

这里要强调的是：人们做事不要偏离事物的本体。老子讲：“天得一则清，地得一则宁，神得一则灵。”这里的“一”就是本体，回归本体，则万事如意，该怎样就怎样，无忧无惧。比如：一棵树，树干是本体，若是习惯于追逐树的影子，而影子是飘忽不定的，就会让人心神不宁。再比如：水是本体，若是习惯于关注水的波纹，而水波是起伏不定的，容易让人随波逐流、茫然无助。因此，塑魂的参照系是回归本体或本质，以不动应万动。以学生为中心，抓住教育之本体不放，这也是教育面向世界的人类共识。

3. 遵循“立德树人”的教育根本任务

“立德树人”，可以说是我们整个国家、整个民族的教育之魂。因此，一所学校的办学理念必须是“立德树人”的共同价值的校本化。

我们的教育是国之大计，党之大计。政治上的担当，就是为社会主义事业培养合格的建设者和可靠的接班人，这是必须牢牢坚守的。

4. 发挥体系的力量，使之转化为教育生产力

教育是一个系统工程，因此，一所学校的办学理念，不是一句口号，更不是一个标签，必须是所有教育教学活动的“魂”。而实现这个“魂”的价值引领作用，必须构建一个体系，从价值观，到方法论，再到实践体系——“施工图”，一以贯之，晨钟暮鼓，凡事彻底，日新日进，持续改善，薪火相传。

5. 办学理念的呈现，应该是长出来的，而不是凭空设计出来的

学校文化建设的实质，就是把办学理念，以物化的形式呈现出来，最普遍的原则就是：一校一品，精彩纷呈。

学校的成功，归根结底是价值观的成功；学校的特色，首要的是理念的特色。创建世界一流的中学，或者创建家门口的优质学校，从塑魂入手，无疑是一条坚实可行的道路。这里所指的“魂”，它是实践的产物，而不是坐而论道侃出来的。它源于实践，高于实践，指导实践。

走在"办人民满意教育"的大路上

精诚合作的一七一中学管理团队

三、提炼共同价值，实现价值引领

我在想，一所学校的“魂”，应该是我们这些做校长的人内心里涌动的东西，是人格化的，是校长自己应该率先活出来、悟出来的东西，更是校内外教师、家长真“以为然”的文化认同。

十几年来，“把一件事情做到底”，早已客观存在于学校的每个教育教学环节之中，呼之欲出。当正式提出之时，就成为顺理成章的事情了。

也就是说，把我们学校的共同价值遵循提炼成一句话——把一件事情做到底，是吸纳消化各类指导思想、工作要求、人民期盼的总枢纽和总端口，是凝聚学校力量、决定学校发展走向的“魂”。为此学校曾创设多种情境，搭建多种平台，开发多种路径，使“把一件事情做到底”成为众多教职工的共同价值观念，根植于心，使之成为办学治校工作的方向标、内动力，充分实现价值引领。

把一件事情做到底，最直接的含义就是：一以贯之，凡事彻底，持续改善，凡认准了的事情，咬定青山干到底。自然，它也深刻影响了整个学校的行动哲学——**立即做，大胆做，做到底，从岗位职责做起，从我做起。**

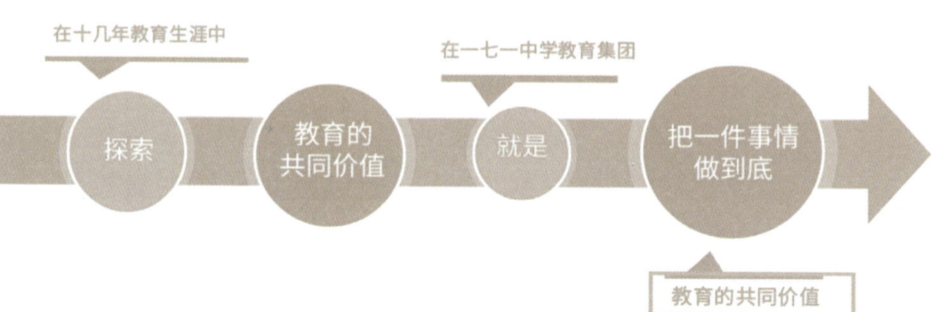

办学实践研讨会上专家领导齐聚首

一起研讨，助力教育

我们一起“把一件事情做到底”

第二章

实现学校高阶的文化认同

一、最有价值的东西，往往是无形的

有形的东西往往是由无形的东西所决定的，甚至就是由其直接转化而来的。

1624年，英国颁布了专利法，正是这部不起眼的法律，奠定了英国成为世界强国的基础。事实上，西方人靠对无形资产的尊重超越了我们，比如他们的奢侈品，其品牌的价值远远高于产品本身的价值，文化的价值远远大于技术创新的价值。

无形大于有形。最有价值的东西，往往是无形的。举一个例子，一个标价一万元的LV包，其材质成本也就几百块，但人们还是会去买，因为它的价值是品牌，以及凝聚于品牌背后的文化。

对于一所学校来说，无形的东西，应当是价值的引领。要谈价值引领的问题，须先分清楚“价值判断”和“事实判断”之间的区别。

任何一件事物都包括一个“事实判断”和一个“价值判断”，事实判断解决的是“这是什么”的问题，而价值判断解决的是“这个东西好不好”的问题。要知道，事实判断不能导出价值判断，即：事实不能决定价值。

《韩非子》中有一个故事：

> 楚国的伍子胥出逃，跑到边境上被小吏抓住了。伍子胥就对小吏说：楚王要抓我，是因为我手里有绝世的美珠，但是现在已经弄丢了，如果你把我带回到楚王那里，我会告诉大王，是你抢走并且独吞了。小吏想了想，决定放走伍子胥。他认为抓住伍子胥可能是立功，但万一楚王脑子糊涂，真信了伍子胥的话，自己就惨了，所以还是别惹祸上身了吧。

这个故事告诉我们一个简单的道理：必须用价值判断去打动人。如果伍子胥跟小吏费半天劲儿去做事实陈述，那完全就是白费力气。比如，伍子胥跟小吏说，大王是无道昏君，已经杀了我全家，现在还要杀我，最后这小吏一定不会放他逃跑——就算你全家被杀，跟我又有什么关系呢？

做任何事情都一样，要实现价值引领，才能不断跃上新的台阶，否则就是在原地转圈，或者在一个层面上玩花样而已。

在将“把一件事情做到底”确认为我们的共同价值之后，这就需要将它作为“发动机”，牵引学校全体教职员工及学生、家长共同去建构一种文化，然后，把“办好家门口优质学校”这个近期办学目标，以及“创建世界一流中学”这个战略目标，转化为一个具有精神支撑的整体解决方案。

一七一中学“完善十大保障体系”研讨会

干部教师每年都要集中细磨学校工作计划

二、“把一件事情做到底”的内涵及价值界定

1. 校长的内心高度，决定了教育的高度

教育的本质，是以人格影响人格，以真心面对真心，以灵魂唤醒灵魂。在教育过程中，起决定性作用的是校长、教师以及家长的人格力量。

在我看来，一所学校的校长的内心高度——高尚的人格以及丰盈的精神世界，决定了这所学校所能达到的教育高度。

（1）把教育上升到信仰的层面

对于做真教育、好教育而言，需要有一股足够强大的精神力量来支撑。不然，遇到小的挫折、走一段弯路时，面对现实难点或取舍时，很容易出现庸俗化、偏激化、自我化等不良倾向。人心也很容易被所谓的“机会”所吞没。

教育，在很多人的词典里，可能是一种职业，以便安身立命、养家糊口，也可能是一种情怀，注重诗意和精神的追求。无论是把教育当作饭碗还是情怀，都是无可厚非的，然而，都存在着某种不确定性。

教育之本质，在于用一种无限宽大的哲学心肠与人性光辉，去照顾他人，去关切、去同情普通人的命运、情感以

及未来。

信仰是相信并仰视一生最敬畏的一份东西，把生命放在其中去体悟，去实践，真正活出一份光。把教育当作信仰，就是说我的生命当中没有任何一件事能够超越它的高度，它的高贵，它的价值。这是许多优秀教育工作者的一种选择。

怀着教育理想做理想的教育，须活在道心层面上，离世俗很远，离神圣很近。这就需要站在信仰的层面上来重新发展自己、要求自己、创造自己。

只有把教育上升到信仰的层面，才可以让教育介入、溶解到我们自身的生命发展中，从而完善自身的精神结构、内心高度、德行厚度以及审美境界，做不忘本来、吸收外来、面向未来的人。

在实践上，信仰也并不玄虚，就是相信未来的理想的自己，并勇敢地走过去，以一己之身的清高与温度，去抵挡人世间或多或少的冷漠与苦难。

（2）追求让自己的实力大于名气

“把一件事情做到底”，还是一种“实”的精神，这也是中国文化的一个根本精神指向，包括：务实，扎实，踏实，夯实，壮实，实事求是，根深实遂，等等。

其中值得注意的是务实与求名之间的关系——永远要追求让自己的实力大于名气。

王阳明认为：“如果全是务实的心，就没有求名的心了。如果务实之心如饥似渴，哪儿有工夫去好名呢？”

孔子的忠告是："做达人，不做闻人。"因为怕自己德不配位、名不符实，所以宁退勿近，才能进退自如，不怕被人占便宜，就怕不小心占了别人的便宜。总之，"实"是我们要坚守的171中学精神之一，这也是天道。双脚踩实大地，才能仰望星空，至于名气，须时刻注意让它远远低于实力。

（3）做教育，要的不仅仅是智慧，更是诚意

诚意，是做教育的最高奥秘。

举一个例子，在班主任工作中，你是不是真的在意某个学生，这个学生是能感应到的，当他一旦接收到了"老师真的在意我"这个信号以及背后的能量时，他就会立即"醒"来，再也不需要多管了，他会自觉、自主，自己知道应当做什么、到哪里去。

相反，如果你的心里没有"诚意"，即便你精通很多的教育理论，你的眼神还是会出卖你，在学生面前，你的态度是没有穿衣服的……

我们经常讲，心有诚意，即为正念，念转过来了，心就正了，诚意到了，教育就到了。

诚意，实质就是"主忠信"。这是儒家反复讲的一个道理，但许多人都没把它当回事。

关于"忠"与"信"，北宋司马光进行了高度概括："尽心于人曰忠，不欺于己曰信。"

忠，就是对别人的事，要尽心，心中始终装着别人。我们常说："我尽力了。"这时候往往没走心，没有全力以赴、

尽心竭力，只是走个过场，以“尽力”交差了事。举一个例子，为什么我们委托自己的母亲做一件事，你会很放心，因为她会走心。可见，“走心”才是“忠”。

而信，就是诚。朱熹讲过：“诚者，不自欺也。”不欺骗自己，就是诚。你若要欺人，必先自欺，给自己找理由，骗得自己心安理得了，再去欺人。自欺欺人，自欺是根。

再举一个例子，我们说起中学生的学习的时候，常常会说“静不下心来”，所以“学不好”。这个“静不下心来”指的就是：一是学习没“走心”，沉不下去；二是对自己不真诚，学习上所谓的“诚”，就是不欺骗自己，一篇文章别人读一遍，我读十遍，一个题目别人做一遍，我做十遍，老老实实下笨功夫，越是聪明的人越愿意下笨功夫，下足了笨功夫，没有学不好的。

“诚意、正心、格物、致知、修身、齐家、治国、平天下”，很多人只知道“格物、致知、修身、齐家、治国、平天下”很重要，却不知道没有前面的“诚意”和“正心”，后面的这一切都不会存在。

办家门口优质学校，办人民满意的教育，“满意”二字重千钧，但，只要尽己心，就能找到良知良能，找回自己的天性、初心，从而找到方法、智慧和创意，找到抵达理想彼岸的“桥”和“船”。

这就意味着，我们应当坚定一些东西，所谓“知止而后能定”：一是**要主动担当**。就是一句话——“心里始终装有别人”。担当应该是主动的、光荣的、幸福的，一个人担当的东西越多，人生的动力就越足、越有价值。二是**要饱含公心**。君子文化倡导要多吃亏，一天不吃亏，就要找一点儿亏来吃。一个人是做不成事情的，凝聚力之所在就是要让教育团队更多的人去修炼一颗公心。三是**尽父母心**。尽心，就是不找借口，因为，找一个借口就烂一条根。而尽父母心，就一定会有创意、有办法。正如宋代哲学家陆九渊所讲的那样："我在无事时，只是一个无知无能的人；而到有事时，我便是一个无所不知无所不能的人。"

（4）维护好自己的心力，始终保持"居之无倦"的积极状态

做一件事情，做久了，人都会厌倦，尤其到了四五十岁，顶在内心里的那个"劲儿"卸掉了，脸上就会呈现出一种暮气，即所谓的"中年危机"了。

中年危机的本质是心力不够。人的精力分为体力和心力，但主要靠心力。

心力，就是背后的一种能量，与年龄无关。保持心力，则可做到终生的"居之无倦，行之以忠"。这就是有的教育家，比如顾明远先生、陶西平先生，只要一站在讲台上总是神采奕奕的原因。

欲做到"居之无倦，行之以忠"，须要护养好心力，心力之源泉如下：一是**有志于学**。学习是人生最大的志向，它涵盖了一切的志向和愿望。"七十方知己无知"，始终"以虚养心"，将自己处于"一无所知、一无是处、一无所有"

之定位，好学不止，力气无限。二是**对自己一定要有要求，哪怕低一点儿**。人每天是要对自己有要求的，“要求”二字，看似平常，内涵丰富至极。三是**坚持不断自我更新**。世界是变化的，早上见的这一棵树，下午其实是另外一棵树了。天道如斯。而人为了适应这种变化，必须不断自我更新。圣人讲的“守死善道”，莫过于如此。四是**把自身的价值充分发挥出来**。人的主动性与积极性是天生的，是人之性，即“天命之谓性，率性之谓道”。《中庸》给予我们的启迪，那就是：至诚无息，而尽人之性，则能尽物之性；能尽物之性，则可以赞天地之化育。也就是说，将自身的价值充分彻底发挥出来，发挥到极致，则可完成自己天生所带的使命。五是**去成就别人**。马克斯·韦伯说：“任何一项事业背后，必须存在着一种无形的精神力量。”每个人都需要有一种类似信仰的东西或者价值观，蓄养于心。教育者最重要的人生价值，就是去成就别人。“己欲立而立人，己欲达而达人”说的是，人要站得稳、行得通，一定得先去成就别人，“利他”就是“利己”，两者不是对立的。

（5）校长是建立结构的人

关于校长领导力，教育界讨论得很多。在我有限的认识中，校长领导力的核心要素，就是实现价值引领，自己率先践行、身体力行地做出来。然后，由己及人，由近及远，不断扩充放大，用生命影响生命，用灵魂唤醒灵魂，形成一种人格化的感召力，并在长期的实践过程中，转化为五种运作和推动的能力：

先见能力——指战略的把握能力。站在未来三十年看现在，现在做什么才有将来，在历史中找自己的定位，因而形成与历史进程共振的预见性、格局感。

构思能力——指策划能力。确定一个目标后，确定路径和方法，并主动占有条件、创造条件、改造条件，使之有机配套、可执行、可评价。

讨论与合作的能力——指善于合作发展、共赢发展、整合发展，并发挥民主精神，形成一种对话讨论和集思广益的氛围及有效固化的决策机制。

适应矛盾的能力——指在事物发展进程中，改变可以改变的，适应不能改变的，清晰判断出哪些是可以改变的、哪些是不能改变的，实质就是灵活调节的能力。

突破的能力——指在关键的节点上，找准突破口，把所有的力量聚焦于突破口，一定会穿越“时间之窗”，进入新的一个境界、层次。

校长是做什么的呢？说到底，校长是建立结构的人，而非“在其位，谋其政”那么简单。

2.“把一件事情做到底”的根本精神

我们总是在“向外求”，总是到处寻访好的工具、好的模式、好的理念。我的感受是，应当“向内求”。在我们的实践中，在我们中国文化的“本来之处”，早就存在，“吾性自足，不假外求”。一所学校的发展，靠的是自己这片土壤上长出来的东西，应保持原创，而不是依靠舶来品。

“把一件事情做到底”，应该是一套精神、行为、文化的系统，自身存在着其校本的、内生的合理性，同时也承载了中国文化意义上的根本精神。

（1）凡事彻底，打通打透

做事情，最难的是“彻底”两字。凡认准了的事情、深信了的事情，就一定要做到底、做到位、做到极致，慎始善终，一以贯之，凡事彻底，水滴石穿。

很多时候，学了、做了，但没能打通、打透，等于没学、没做。要彻底的通透，就意味着，需要集中到一点上，把所有的力量聚焦于这一点，沉潜含玩，日日不断，久久为功，咬住一点打通、打透，以点的突破带动面的突破，推动整体变革和进步。

然而，打通、打透的背后，其奥秘在这个“信”字上。

“把一件事情做到底”，本质上是“深信的力量”。“深信的力量”有三：信心、信念、信仰。所谓信心，就是“信心任物”；所谓信念，就是心心念念，念正则必达；而所谓信仰，前面讲过，就是仰望并坚信未来理想的自己，勇敢地走过去。

我们经常讲，**“深信不疑，必有所得”**，唯有“深信”，才能解决足以困扰我们一生的精神空虚之千古难题，才能不再因为灵魂无所居栖而四处流浪，有家可回。

信，有不信，有半信，但真正的信是——深信力。半信最可怕，半信实质就是半疑，半疑的人其实都是怀疑自己的人。

（2）归位，定位，到位

首先是“归位”。人与物，都要在某一个合适的位置上，才有价值。所谓“在其位，谋其政”，尤其人，可能一辈子都在做一件事情——归位。我们是什么人，担当什么使命，归位了，一切就会秩序井然，则可以尽人之性，然后尽物之性，则可以太平和合，致中和，天地位，万物育焉。而归不了位，就是灵魂回不了家，父亲不像父亲，母亲不像母亲，老师不像老师，学生不像学生，医生不像医生……则乱矣。归位，关键是须通过一个字来实现——律，时时自我要求、自我反省、自我督促、自我完善，勿忘勿助，定可以归位，让自己心神安定、从容自若。

其次是“定位”。到了一种高度之后，关键是“定”住，定不住，又滑回去了。定位的定，就是保持住。最大的进步是不退步，就是保持住。道，不可须臾或缺，但向道之心，须“知止而后能定，定而后能静，静而后能安，安而后能虑，虑而后能得”。一生之功夫，莫过于“知止”两字也。儒、释、道在这个“止”字上，妙不可言，其境界、方法竟然是高度一致的，毫无门户派系之见。

最后是“到位”。天下之难，难在“到位”。到位，就是一以贯之，凡事彻底，持续改善，每一步都做到100分。做人做事，不到位，只是感觉可以了，其实天上地下，差之毫厘，谬以千里，不到位是永远体会不到的。孟子讲“羿之教人射，必志于彀”。意思是，羿教人射箭，一定要把弓拉满，尽全力，不放弃，不找借口。管理学上有一个认识，非常重要，叫“量胜于质”，没有量变就没有质变。

“把一件事情做到底”，不是单一的一句话，其内涵和实现步骤至少包括三个要素：先归位，然后定位，最后到位。

（3）一切的成功都是基本面的成功

成功都来自日积月累，而不是奇思妙想。成功者都是一直在做最基础的工作，而且始终关注基本面，关注基础工作。在平常事情上，下不平常的功夫，做到“凡事彻底”，力争做到100%的纯度。

最近、最容易的路是下足笨功夫，做好基本面，而不是仅仅琢磨技术面。人人都很勤奋，每一件事情都做到底、做到位，日积月累，把自己搞得很强大，无须与人竞争，不争而争，活在别人想象之外。**这对于一个人或一所学校，都是最高级、最先进的思想。**

对于我们的学校而言，简单说，基本面就是“每一”：关注到每一位学生的发展，促进每一位教师的进步；开发好每一门课程，做好每一份课案，上好每一堂课，组织好每一次活动；写好每一个字，做好每一道题……把学校所涉及的

“每一”都做好、做到位、做到极致。假以时日，基本面就形成了，基本面一旦形成，不忧不惧，静待花开，秋收时节，颗粒归仓。

“基本面”的哲学含义是：坚守日用常行之道，必有事焉，而勿忘勿助，不走捷径，日日不断之功，功到自然成。

（4）只问耕耘，静待花开

这句话的教育原理是《大学》的一个著名论断——“物有本末，事有终始，知所先后，则近道矣。”

“知所先后”，这就意味着：

第一，耕耘在前，结果在后。而问结果是问不来的，只能问耕耘，至于最终结果如何，都能接受。

第二，教育是静待花开的伟大事业。教育的秘诀是九分教、一分育，遵循人生命发展的阶段性规律，勿忘勿助，不可揠苗助长，只需日日不断之功，功到自然成。

这里，涉及一个“坚持”的理论：

①坚持，并非确信可以胜利。《荀子·劝学篇》有云：“锲而不舍，金石可镂。”真正的坚持，不是确信坚持就是胜利，而是有使命驱使，有志向支撑，且能接受任何结果。

②君子有志，小人有愿。君子为志向所驱使而坚持，他的着眼点是“我要追求什么，我要做什么”；小人是为愿望吸引而坚持，他的着眼点是“我要实现愿望，我要得到什么”。所以，君子不太巴望能否如愿、何时如愿，而是坚定

前进之方向，矢志不移，而小人会时刻怀疑、评估：“到不了怎么办？能保证一定成功吗？要不要改条道？”

③坚持错了，怎么办？许多人眼里的“错”，是以结果为导向的，没成功就叫“错”，你怎么知道没成功？你怎么知道现在就是结果呢？大抵正是这个想法，让人功亏一篑。而有恒定志向的人，一是生知安行，成败不改其乐；二是用之则行，舍之则藏，我坚持修行自己，能有机会就充分发挥，没有机会就藏之于身，自得其乐。

④尽人事，顺天意。高水平的人，只管自己努力，能接受任何结果，因为他知道，人不能控制自己的命运，人能做的是很小一部分，只把这一小部分做好做到极致就可以了，从不讨论什么成不成功、结果如何，死而后已，死的时候才有结果。而低层次的人，则常问：“结果怎样呢？能成功吗？”其实还是在犹豫，在徘徊，所以他几乎是坚持不了的。

⑤充满敬意地做好手头上的每一件事情。所谓驾驭自己，其实质就是——充满敬意地做好手头上的每一件事情。

另外，对于我们学校来说，“坚持”的意义在于终端和出口的成功。什么是终端和出口的成功？这就像用电饭煲煮米饭，一会儿揭开看看有没有煮熟，一会儿又让人围观其中是否变化，到最后，饭就夹生了。正确的方法是：放上米和水，盖上盖，时间到了，再打开，一锅米饭，香喷喷，又好看，又好吃。

（5）耐心是一株很苦的植物，但果实却十分甜美

电视剧《康熙王朝》里有一句台词——“雄心的一半是耐心”，折射出了“耐心”的巨大作用。

卡夫卡也说：“所有人类的错误都是因为没有耐心，因为没有耐心，人类被逐出天堂，因为没有耐心，人类无法返回天堂。”

在远古时期，人类为了追求美和圆满，开始打磨珠子或者项链……也就在这个过程中，人类开始从粗糙走向精细，从急躁走向了耐心。可以说，耐心是人类美的开端，它使手指实现了深度解放，从此，人类的文明开始闪耀光芒。

应当说，人的内心秩序，首要的元素应当是耐心，是耐心推动了我们的心智的成熟与健全，这应当也是人类文明进程的密码。

耐心，从操作上来讲就是“认真”，而认真不仅仅是一种态度，更是一种能力，是一种把每一件事情做到极致的能力。

史铁生是我们这个时代的精神底盘。他对我们的影响最大的句子有两句：一是“认真是灵魂获取回报的唯一形式”，二是“命定的局限尽可永在，不屈的挑战不可须臾或缺”。这两句话，诠释了“认真”两字的重要价值。

认真的能力，包括洞察的能力、周密计划的能力、把控细节的能力、承受挫折的能力、持之以恒的能力等。

很多人总在问：提高的秘诀是什么？

提高，就是每次做事情做到自己能力的顶峰。因此，

每一次的工作和学习都会是你提高的良机。

意思是，只要自己能够做得更好，那就尽量次次做到更好，自己做出来的工作是自己的能力之最。如果自己满足于差不多就行了，那么你就没有能力再把这件事情做到更好的地步了。

当你以一步一台阶不懈登高的姿态做事情的时候，自己现有的能力发挥到了极点，达到了自己能力的临界点。此时，有人对这件事情提出建议，如果发觉这个建议对这件事情能够起到正向的促进作用，一定会一下子发现自身的局限性，发现自己能力的不足，并发现自己观察和分析问题的盲点，从而感到受益匪浅。

但人们往往并不是这样。这个社会上，很少有人能每次尽力把事情做到最好，如果他们的能力是十分，他们往往做到六七分就不再努力了。这时候，由于他们的能力没有发挥到极限，对于这件事情没有足够的耐心和热情，没有更多的思考，这就阻碍了他们的前进。当别人给他们提出建议，他们就不能够敏锐地感觉到建议的意义，从而失去成长机会。而且，由于工作时不尽力，当有人提出建议的时候，他们往往不是考虑改进，而是首先考虑自己的面子，觉得对方不给自己面子，对方在吹毛求疵，从而对他人的建议表示反感或假装礼貌地敷衍了事。

这是很多人之所以平庸的根本原因。

（6）民族的崛起，也需要“把一件事情做到底”的精神

可以说，“把一件事情做到底”是能够决定一个民族崛起的关键品质之一。第二次世界大战之后，德国和日本迅速崛起，正是因为这两个民族同时具备一项重要的民族精神：坚持。无论做什么事情，他们都能以极其认真的态度，精益求精，坚持到底，不言放弃。

在我们中华民族的文化根脉中，并不缺乏这种基因。比如，夸父逐日、女娲补天、精卫填海以及《列子》中的“愚公移山”的精神，再到数以万计的关于“把一件事情做到底”的成语、名言、典故。比如，持之以恒、锲而不舍、水滴石穿、绳锯木断、磨杵成针、百折不挠、义无反顾、一往无前、心无旁骛、日雕月琢、坚韧不拔、坚持不懈、始终如一、始终不渝、老骥伏枥、兢兢业业、不屈不挠、心如金石、善始善终，等等。

面向未来的中国基础教育，教育者应当找到我们这个民族的精神本根，将之厚植于我们的教育实践中，尽绵薄之力，进而促进整个国家、民族的崛起。

一七一怀柔分校高中部同学到总校“留学”

每年开学典礼上，全体年级组长都要为学生献诗励志

第三章

生成、构建学校独具一格的话语系统

一、创造一种通透、管用的学校文化表达形式

“把一件事情做到底”是171中学的办学理念，也就是“魂”，它需要传播、落实，这就需要生成一套独具一格的话语系统，使之成为学校文化的一种最好的表达。

话语系统是一套事业理论、价值标准、选择逻辑、行动指南、词语和定义，是学校文化的核心文本系统。

在众多的话语系统中，谚语式的话语系统，是处于最高级的。

我们知道，谚语是古老的经验和长者的忠告，它具有借鉴性。比如，我们耳熟能详、口口相传的谚语：

瑞雪兆丰年。

春雨贵如油。

众人一条心，黄土变成金。

当家才知柴米贵，养儿方知父母恩。

一场秋雨一场寒。

喜鹊枝头叫，出门晴天报。

对于学校来说，共同价值的转化和传播，应当上升到谚语的级别，谚语口口相传，直接影响人的决策。

只有让具有共同价值的话语成为谚语一样，才能让它成为知识的传承者和人们行动的指南，成为人们口口相传的文化。

同时，谚语形式的话语，其传播成本最低，对受众的参与度要求很低，但介入程度却很高。就是说，它可以用很低的参与度，就把受众的心理和行动卷入得很深，让人们自发地帮助我们传播。

我们经常讲要建设学校的文化，什么是文化？有千百种解释。我主张的学校文化应当是活出来的文化，是管用的文化，是推动行动的文化，更是不断重复、不断螺旋式上升的一套话语系统。

追梦路上的思与行

一七一中学大家庭“六一”亲子活动

听取青年教师建言

“有层次、无淘汰”教育原则的讨论会

二、171 中学人格化的话语系统

171 中学自建校以来特别是近 10 年来学校发展的历史经验中，倡导并强调的以下价值指向，是一套以“把一件事情做到底”为灵魂的独具一格的话语系统，是学校文化的一种经典表达：

把一件事情做到底 »

——171 中学的话语系统——

1. 做“有层次、无淘汰”的教育。
2. 经营好每一位学生。
3. 因为有了我，171 中学更美好。
4. 大气成大器。
5. 合者上，能者上，乐者上，勤者上，优者上。
6. 用先进的理念引导人，用正确的管理凝聚人，用积极的文化激励人，用团队的智慧成就人，用科学的方法点拨人，用服务的精神帮助人。
7. 坚持三优培养目标：让优秀生更优、普通生成优、潜质生向优。
8. 大教育融于小活动，大思路融于小课堂。
9. 小成功靠个人，大成功靠团队。

10. 做十种人：为人师表的高尚人，团结谦让的开明人，淡泊名利的大度人，扶正压邪的正直人，提高质量的明白人，学术研究的带头人，开拓创新的聪明人，立足本行的实干人，身心愉悦的健康人，品味生活的现代人。
11. 胸怀大爱做小事，小事因我而精彩。
12. 你有多大本事，学校就为你搭建多大的平台。
13. 没有落实就没有基础，没有高度就没有高分。
14. 变说法为做法。
15. 课改从改课开始。
16. 你是天下第一，也要由天下第二来帮你。
17. 一以贯之，持续改善，凡事彻底。
18. 今天，我们不负学生，20 年后他们就会不负我们的国家和民族。
19. 各选所爱，各研所长，各成其才。
20. 面向全体，不失一生。
21. 只问耕耘，静待花开。

如此等等。

这套话语系统，对于 171 中学来说，是一种活出来的文化。

近来，有教育专家发现了我们的这个秘密，其中每一条话语都符合义理，背后都是教育的规律和价值的指向以及行动的号令，都带有强烈的人格化特征。首先，管理团队的每一个人一条条先活出来，然后用人格影响人格，用生命影响生命，推己及人，由近及远。再到每一位教师、每一个学生，螺旋式上升，形成了一种强大的文化力量。

有人说，“懂得了很多道理，却依然过不好这一生”，那是因为对于“道理”只是知道、理解，并没能一一地真正活出来。如此，懂得的“道理”越多，可能还会越迷茫、越有挫败感。

《论语》里说子路“未之能行，唯恐有闻”。其含义是：知道了一个“道理”，附着于身，在事上磨，将之践行出来、活出来，在还没有化在自己身体里之前，害怕知道第二个道理。

在 171 中学，我们每个人都用这些谚语级别的“话语”在对照自己，通过“在事上磨”“温故而知新”“言行一致，知行合一”三大践行原则，化在自己的血肉里、骨子里。目前，这已成为真正的文化，这种文化不是写在纸上的，而是内化于心、外化于行、固化于制的精神存在。换言之，我们 171 中学的每一个人都是受这种文化浸润的人。

对于话语系统的应用，其实很简单，就是“重复”。所谓宣传或者动员，就是不断“重复”我们认定的一些东西，“重复”的次数再多也不怕，越是“重复”，越能强化文化的价值、作用，就一定可以用更大的力量推动人们去行动。

一七一教育集团进行千余名教师集中培训

在传播教育价值理念的大舞台上共奋力

第四章

托举生命的蓬勃与发展

——论“有层次、无淘汰”的教育方针

对学校而言，把“以人民为中心”落到实处，关键看学生。现在，“掐尖”的时代逐渐远去。对应的常态是学生情况千差万别，基础和能力参差不齐。面对这样的现实，我们必须着眼“人人能发展、人人有发展、人人力争高水平发展”，寻找科学的机制保障。“有层次、无淘汰”就是要关注学生的阶段发展、层级发展、优势发展、突破发展，探索面向全体、正确处理差异、实现均衡与质量高度统一的策略与路径。

一、当我们看见生命的蓬勃与发展

生命是一个非常重大的话题，每一个生命来到我们面前，并非偶然，更应该是一种必然，秉持教育者的使命，我们要做的正确的事情是尊重、敬畏、托举每一个生命。

教育的本质，就是促进生命的高质量发展，并引导、协助、携扶其满怀信心地走向未来、走向幸福。

但，我们应当看到，生命确实存在差异，十个手指不可能一样长，而这正好构成了教育的生态性，丰富而精彩。

作为教育者，我们是每一个我们所遇见的生命发展的引领者。

孔子很早就看到了这一点，所以有了“有教无类、因材施教”的教育观，传承了两千多年。然而，到了我们现代，仅仅强调个性，强调因材施教，在实践上，就显得有些过于朴素和笼统了。

教育的现代性要求我们通过一种科学的机制，实现“一切为了学生、为了一切学生、为了学生一切”的教育终极目标，其核心含义是为学生终身发展奠定基础。

市区领导考察一七一中学创客空间

友好校来一七一中学金鹏机器人项目现场

附小"雏鹰起飞"会操展示

一七一中学女排队员的英姿

二、树立正确的教育价值观，让每一个学生都体验成功

几十年的教育生涯，让我们坚信一个道理，那就是：每一个生命都想发展，每一个生命都能发展，每一个生命都能在教育的作用下得到不同程度的发展。

但，关键是我们能否创造出一种“可能性”，让每一个生命都得到充分的发展。这是我思考教育的一个逻辑起点。

也可以说，创造这种“可能性”的能力，就是一个人、一所学校的教育力所在。

经过长期的实践、思考，再实践、再思考，171 中学逐渐萌生出“全教育”的理念以及实现的途径。

1. 学生观

“人皆可以为尧舜。”我们始终坚持每个学生都是可塑之材的学生观，以“让优秀生更优，普通生成优，潜质生向优”的三优培养为原则，让每一名学生都能感受到自己每一天每一个细微的进步，持续的成就感让这里的众多学生都积极阳光，充满自信。国家总督学顾问陶西平曾这样解读我们的学生观评价——“是不是把一个孩子教好了，首先看是不是让这个孩子比原来变得更好了”。

2. 教师观

我们经常讲一句话，“惠师、惠生、惠民”，在以学生为本的前提下，应该重新来界定“教师”的作用、功能、定位，实现学生生命价值的最大化。也就是说，只有将距离他们最近的教师培养成为最优秀的人，让最优秀的人来培养出更优秀的人，进而使得学生学有所成，家长满意。家长满意就是社会满意，就是扎扎实实的“惠民”。

3. 教育价值观

近年来，我校提出了“全教育”的概念，即全面育人、全员育人、全程育人、全科育人，这是一个操作系统，但其内核是树立正确的教育价值观。简单说，就是关心每一个学生的内心世界，每一个学生都想成功、都能成功，他们最需要的是一种成功的体验。有了成功的体验，其信心就会建立起来。有了信心，才能助力每一个学生一步步走向成功。

再往深处走，还可以把这个教育价值观转换为一种可掌握的教育机制。这个机制，有三个要素：一是期望，二是机会，三是评价。

期望是这个教育机制中的第一个环节。期望，意味着一种目标性的展望和预测，同时也潜在地包含了人的动力性倾向，或者说，教师对学生的期望里，隐藏着一种高度整合的功能耦合，推动学生生成积极性、主动性。教师对学生的期望，还会转化为学生的自我期望，其内容就是“争取成功”，这个时候，学生就有了目标，明悉了实现期望的要求和应采取的措施，从而实现自我定向、自我管理、自我教育。

机会是这个教育机制中的第二个环节。机会，可以是教师为学生提供体验成功的机会，也可以是学生为自己创设成功的机会，两者相互作用，就转变为教育的现实价值。

评价是这个教育机制中的第三个环节。评价，在教育以及个体生命的发展中，是起着决定性影响和作用的因素。尤其是激励性、正向性的评价，既是动力学意义上的价值导向活动，又是教育过程中的价值性内容，这个教育的过程，无不受其评价的推动和约束。

我们经常讲，要尊重学生、发现学生、解放学生，其实质就是尊重并掌握生命发展的基本规律，按照其内在要求，建构一种有效的育人机制或者育人模型。

穿越时空品读古人成败 步入经典汲取圣贤智慧
只有读书才能给你提供灵魂和思想的自由
导“三融”促发展 开拓创新建标杆
北京一七一中学

舞姿翩跹，青春最美

一七一中学“机器人”社团研发参赛作品

三、全面育人、全员育人、全程育人、全科育人

立德树人，是我们的教育根本任务，对于我们一线的教育管理者而言，需要将这四个字顶在头上，然后转换为一个“德育为先”的育人操作系统，而不是一个口号或者概念。

在实践中，不管是怎样的生源，一个学生到了学校，都应当受到一种好的教育和影响，到了出口的时候，都能成为一个成功的体验者，这直接考验一所学校的加工能力，这也是“面向全体，不失一生”的目标追求和实践诠释。

1. 形成合力育人氛围：树学生“立世之德”

新时代的学生，有的富有个性、身怀“绝技”，渴望高水平良师的指导与帮助；有的热情似火、充满活力，期待教师给予特别的机遇；有的踏实认真，勤奋刻苦，迫切需要教师的个性辅导；有的正在困惑与疑难中挣扎，热切等待着教师的理解与关心，等待着学长的帮助。

我们探索出来的“一心两导”模式，就是以班主任为核心，让导师制和学长制有机结合，使班级导师、人生导师、学长三者相辅相成，各负其责，互相督促，互相促进，形成教育合力，为学生的健康成长和成才，营造温馨和谐、积极

向上的良好氛围和育人环境，从而引导学生以品德润身、怀公德善心、用大德铸魂。

（1）深化导师制，优化每一位教育工作者的教育力

我们实行“一体两翼”的导师工作模式，按因材施教的原则，对学生进行多重辅导。每一位学生既有自己的班主任做班级导师，也有一位任课教师担任人生导师。

我们要求导师遵循三条原则，即：首先要“导学”，做学生学业的引路人；其次要“导心”，做学生现身说法的思想导航人；最后要“导行”，做教人求真的行为示范人。班级导师和人生导师在指导学生学习生活的过程中，要教育引导学生树立正确的世界观、人生观和价值观，促进学生政治素质提高和良好思想品德的形成，鼓励学生立志成才，关心学生全面发展，引导学生精神成长。

（2）深化学长制，突出学生干部榜样力，实现学生自主管理

学长要帮助学生“学会生活、学会学习、学会发展”，逐步实现“自我教育、自我管理、自我服务”。学长制注重加强学习与情感的交流与沟通，引导鼓励低年级学生积极参加健康向上的学习活动与文体活动，重视心理健康引导和良好学习生活习惯的养成，鼓励全面提高综合素质能力。

我们树立了一批包括“最美171人”“校园先锋”“校园之星”“美德少年”“优秀学长”在内的道德榜样，继续强化学生干部的榜样力，带动全体学生提高自我管理意识。树立榜样与榜样的管理带动相结合，培养一批有活力、有能力、有思想、有主人翁精神的未来领袖，培养自主、合作、服从、创新的未来精英。

2. 开展特色德育活动：筑学生“高远立意”

学校用独树一帜的特色活动引领新生代重拾久违的民俗与传统，浸润学生们的心灵深处。非遗进校园、元宵灯谜会、我为祖国送祝福、阳光体育状元榜等早已成为学生们喜闻乐见的特色经典。校园戏剧节上，同学们将所学知识融入剧本，展示自己的才华；清明节里，师生一起绘彩蛋、碰鸡蛋；中秋节时，师生们将最幸福、最温暖、最喜悦的美丽瞬间“定格”；成人礼上，高三学子树立对未来的理想信念，明确了自己应该承担的社会责任和公民责任，孩子与父母，学生与老师，每个人的心间都升腾着绵绵的真情、善意和美感。

171 中学教育集团成立后，学校组织的“海量阅读工程”“阳光体育状元榜”等系列德育理念和活动，旨在让同学们将运动与阅读相结合，把运动与阅读融入生命，带进生活，变成人生的好习惯坚持下去。无论走到哪里，身处怎样的境遇，都能保有一颗读书人的心灵，一名运动者的体魄，共同坚守 171 人阅读与运动的信仰。

古人的道德实践路径，是从修身、齐家而治国、平天下。今天，我们171中学从做好小事、管好小节起步，通过落细、落小、落实的润物无声，教育无痕，为学生们搭建了一个又一个展示自己、激扬青春的舞台，既立意高远，又立足平实。学生们成才的舞台在这里，学生们成就的辉煌在远方。

3. 全过程育人：授学生“谋事之才”

课程是学校提供给学生健康成长的精神产品和财富。不同的课程，有不同的功能。但是，所有的课程都有一个共同的职责和使命，这就是：立德树人。课程和课堂的主导是教师，有教师才有教育，有好教师才有好的教育。我们171中学以“学科育人、活动育人、生活育人”为德育途径，尊重生命，做“善、博、雅”现代而时尚的教育。

（1）设置特色德育课程，培养德智体美劳全面发展的学生

积极探索和推进学科德育课程建设，让学科育人与人人都是德育工作者相得益彰。学科教学中的情感、态度、价值观是学校德育的有机组成，以学校特色德育为总的纲领，构建学科情感、态度、价值观为内容的学校学科德育课程，为学校德育发展注入新的、可持续的活力。

（2）打造“善、博、雅”育人模式，提升学生身心发展正能量

倡导“让每一个孩子都有人生出彩的机会”，坚持“办现代而时尚的德育”。

学校以“立德树人”为出发点，探索教育规律，把握教育契机，打造具有171中学特色的德育空间，开发立足传统文化的“现代时尚德育”课程，不断丰富“有层次、无淘汰”的德育内涵，把具有“善、博、雅”的德行真正转化为提升学生身心发展的正能量，彰显171中学德育工作“以德化人、以文养人”的新风范。

（3）以“固传统、成系统、找亮点、寻新意”为基本工作思路

171中学德育工作立足在推陈出新，常抓常新上下功夫。围绕“全员德育，全程德育”中心工作，与时俱进、因地制宜地创新德育工作方法。寻求策略，搭建平台，创设路径，开辟窗口，构建内涵丰富的德育课程体系，形成特色项目实施的德育活动体系，完善激励与惩戒并举的德育评价体系，等等。其根本目的就是充分实现并不断提高德育“育德”的实效性。

（4）强化“九年一贯制”育人体系，探索走班制德育管理

在优质资源整合的背景下，学校进一步强化“九年一

贯制德育管理体系”，做好从小学到中学的德育融合、发展、互补、联合、联动，积极寻找共同发展的契机；做好从小学到高中的 12 年德育管理系列构建，形成有针对性、符合学段特点、成发展体系的德育管理模式；积极探索走班制管理模式下的德育管理机制，为走班教学提供有力的管理保障。

学校开展了全体班主任参与的“中小学衔接德育论坛”，增进了解，共同提高认识，形成从小学一年级到高三年级的德育管理体系。做好不同学段德育目标的制定和实施。从立德树人的最高目标出发，积极开展融通性德育活动。努力实现级部德育既能够在立德树人、开展大型德育活动方面具有共性，各个级部又能根据自身特点，创造性开展德育活动。各级部围绕五步自主高效课堂，实现小组建设的全面化、小组评价的特色化、小组活动的个性化。

在全过程育人中，学生需要的好老师，既是引领学生“专业成才”的人，更是引领学生“精神成长”的导师。习近平总书记指出，扎实的知识功底、过硬的教学能力、勤勉的教学态度、科学的教学方法是教师的基本素质。而这些基本素质的具备与教师自身过硬的道德修养密不可分。

我们 171 中学始终坚持以德立学，强调以德为先，德才并重。我坚信，只有德才兼备的好教师，才会受到学生的敬重，才能培养出大批德才兼备的好学生。因此，要在锤炼道德品行的同时，学习新知识，掌握新技能，善用新方法，在与时俱进中获得“坚实的道德律令”和“有形的学识翅膀”，成为专业领域的道德楷模和行家里手。要坚持立德立学相统一、做人做事相统一、人品学识相统一，才能在以德立学、立德树人中，彰显“德高才高为人师”“德艺双馨育人才”。

4. 全员育人：解学生“心智之惑”

浇花浇根，育人育心。我们 171 中学一直以来倡导每一位教职工坚持把立德树人作为根本任务，全力培养德智体美劳全面发展的社会主义建设者和接班人。

学校倡导全员德育，每个教职工都担负着发现问题和教育学生的责任。比如，无论是金帆合唱团的艺术教师们，还是运动队的体育教练们，学校倡导这些教师首先要做教育者，其次才是指导教师。要求他们不仅在专业上培养学生的特长，更要像班主任一样去关注每一个队员的心理状态，关注他们的行为习惯，关注他们的品格养成。

以德立身、以德立学、以德施教，不是班主任的“专利”，而是每一位任课教师、每一位后勤职员、每一门课程、每一节课堂、每一个社团，乃至每一位 171 人，都应该负有的共同职责和使命。所以说：学校处处都是德育课堂，人人都应当成为德育工作者。

与此同时，学校还通过探索加强团队管理、提升培训效能、开展活动分层等德育创新模式，丰富和拓展德育工作内容，从而加强德育的自我宣传力，自上而下，自下而上，形成一支科学型、艺术型、创新型的德育队伍。

（1）德育职责层次化，教书育人无淘汰

在长期的德育实践中，学校形成了“教育处—年级组长—班主任”为核心的德育管理团队，各负其责，承担德育工作的引领、统筹、实施工作，层次化的德育队伍保证了德育工作的顺利有效开展。每一位德育工作者在自己的教育教学工作中，都努力做到教书和育人相统一、言传和身教相统一、潜心问道和关注社会相统一，守好“一亩三分地”，种好自己的“责任田”，努力做到分工不分家。做到同向同行，形成协同效应，营造全员德育的大德育氛围。

（2）德育培训层次化，深入学习无淘汰

班主任、年级组长是德育工作的主干力量，肩负着深入学习、巩固教育成效的重要任务。两者的培训是德育管理工作的重要内容。为此，学校每年都要对年级组长和班主任进行针对性较强的专题培训，并通过建构“专家指导引领、同伴合作互动、个体反思探究”的班主任岗位培训模式，丰富对年级组长、班主任的培训内容和形式。学校还注重围绕问题开展“问题—研究—行动—总结—反思”的行动研究，将学习、研究、行动紧密结合，有效促进年级组长、班主任之间的交流与合作，提高年级组长、班主任的管理效能。

（3）常态德育层次化，学生参与无淘汰

理想教育为核心。教育处通过系列业余党校、少年团校、建团仪式、青年节、建队仪式、成人仪式等活动，开展对学生的理想教育、爱国教育，加强理想主义教育，把理想教育当作课程来规划。

文明礼仪固行动。加强文明礼仪教育，学生会、校园电视台学生发挥主观能动性，利用情境教育的方式，使学生明白尊老爱幼之礼、尊师爱师之理、文明举止之利，做到既明“礼”又懂“仪”。

亮化评价促发展。相对于传统的德育评价方法和德育理念，学校的育人工作提出了“欣赏亮化”这一概念。“欣赏”就是发现、挖掘学生的兴趣点、特长项；“亮化”就是展示、深化、升华这些兴趣点、特长项。

（4）有层次、有计划地进行专题教育

习近平总书记在全国教育大会上强调：推进教育现代化不能忘记初心，必须坚持教育为人民服务、为中国共产党治国理政服务、为巩固和发展中国特色社会主义制度服务、为改革开放和社会主义现代化建设服务，健全全员育人、全过程育人、全方位育人的体制机制，不断培养一代又一代社会主义建设者和接班人。

多年来，我们 171 中学扎实做好育人工作，从“有层次、无淘汰”理念出发，建立健全“全方位育人传学生‘立世之德’，全过程育人授学生‘谋事之才’，全员育人解学生‘心

智之惑’”的德育工作体制机制，培养了大批具有“健全的人格、优雅的行为、坚实的基础、出色的智慧”的学生。

在普通德育工作的基础上，学校还在育人内容层次上下功夫：邀请中央军委机关部门等军队团体到校进行升旗仪式、军训，扎实开展国防教育；开创了安全教育新领域，安全演练新方法；开展“儒学讲堂”“京剧展演”“中医药文化进校园”“民乐知识普及”等与中国传统文化息息相关的活动……从学生的不同需求层次出发，拓展育人工作的内容。

如今，“有层次、无淘汰”教育方针，正逐步从理念延伸到实践，并形成了学校独具特色的育人文化。在这种文化的熏陶下，学校既培养出了具有出色领导力的学生精英，也培养出了在专长领域有所贡献的学术“英才”；既培养出了具有健全人格的道德模范，也培养出了具有出色智慧的各级“状元”；学校每一位教职工从基础做起，从点滴做起，从每一节课堂、每一次活动、每一个细节、每一句表达做起，做细做实，做精做美。

一七一中学“金帆合唱团”的专场演出

北京市第一七一中学教育集团第七届“文艺体育节”之艺术专场演出
快乐健身 锻炼强健体魄
静心涵养 熏陶艺术心灵
北京市第一七一中学

校园舞台，绽放多姿

第五章

当鞋合脚时，脚就被忘记了

——再论“有层次、无淘汰”的教育方针

一、为每个学生提供适合的教育，不应当是一句空话

为每个学生提供适合的教育，这是当下很流行的一句话。“适合教育”是符合教育规律的。然而，什么是“适合”未必就那么好定义了。是贵族化的定制教育，还是一对一的控制性辅导模式，值得深思。

教育无论是适应社会的深刻变革，还是实现自身的完善和发展，其实质都是“人的发展”，这是素质教育的本质。人的发展要有整体观念：一是教育对象要全面、充分地发展；二是教育工作要各方面和谐进行，有共同价值；三是时间、空间上都要有整体考虑，学生要能有后劲，能持续发展。

印度哲学家有一句祷文，流传广泛：**“当鞋合脚时，脚就被忘记了。”**脚被忘记了，也可以说，脚是处于“忘我”状态的。人在“忘我”的时候，学习和工作的效率最高，是一种沉浸状态，处于情感的最高端。反之，如果鞋子不合脚，甚至硌脚，脚痛了，脚就会被时时记得，走起路来，就走不好了。

理想的教育，就是给学生提供一双合脚的鞋——适合的教育，当教育适合学生时，我们可以看到，我们的学生，内在的创造性就会被激发出来，学习的热情、学习的效率、生活的激情就会得到空前释放。

我们提出的“有层次、无淘汰”的教育方针，正是基于“适合”这个很容易被虚化但又非常重要的教育价值取向，并通过实践逐渐提炼抽取出来的。首先，“有层次”，意味着，每一个学生都可以在自己的层次、阶梯上，发现自己，超越自己，创造自己；其次，“无淘汰”，意味着，既保障不失去每一个学生，又保障每一个学生都能在自己所处的层次上，得以“升级”到更高的一个层次、更高的一个阶梯上去，人人发展，人人成功，人人幸福，就变成了现实。

而“有层次”和“无淘汰”两者相互结合，就可以开发所有人的积极性和内在动力系统，以及人的内在价值尺度，为学生走向自我学习、自我教育、自我发展、自我评价，提供内在的动力保障和条件。可以说，从这一点上看，“有层次、无淘汰”教育方针，既是教育的价值观，又是教育的方法论，更可以因此而建构稳定性的教育机制。

做学习型思考型教师交流会

师爱在课堂中绽放

生活化的物理课堂

教师指导，启发教学

二、把握好教育规律，形成科学先进的教育教学原则

教育工作，确实要加强思考，在内生的合理性上下功夫，发现和把握更深层次的、现代化的教育教学规律，形成科学、先进的教育教学原则。

纵观新时代的教育走向和趋势，我认为教育教学应当遵循以下三个重要原则，**这也是落实“有层次、无淘汰”教育方针的三个原则。**

1. 主动性原则

主动性是人的主体性的主要表现，是人的精神的“脊柱骨”。人一旦失去了主动的意识和能力，就像一个人丢了魂似的。我们经常讲的“失魂落魄”，指的就是人丧失主动之后的表现。

2. 成功性原则

几十年的教育改革，不断在验证一条教育的有效原则——成功性原则。无数学校综合改革的实践，都证明

了“成功”的教育含义。正是基于这一点，人们常常会提到**“成功是可以复制的”**。

这里说的“成功”，不是坊间流行的“成功学”，教育上的成功主要是指增长知识、培养能力、优化品质、形成创新精神，在学业和事业上不断自我革命，取得进展。

下面这三条是成功性原则提出的依据：

第一条，每一个学生要成长、要成功；

第二条，他们只要付出一定的努力，就一定能成长、能成功；

第三条，要保证每一个学生都能体验成功。

新时代教育的成功性应有以下基本要求：

（1）想方设法，把人的信心扶起来

教育就是把人的信心扶起来。所以，真正的教育，一定要符合学生的心理特点，发展学生的心理和情感。不要老是批评、指责、训斥学生，要学会赏识学生。教育教学都要从学生的实际出发，符合学生的心理规律才会成功。

成功的目标要具体、适度，要符合学生那种“可望可即才能更加努力”“跳起来够得着才更加愿意跳”的心理特点。要使学生找到“进步容易”的感觉和“取得成功”的体验。一定要让学生感到“我能行”，有成就感。进步和成功的体验可以升华人的情感，使人有良好心情。良好心情能形成积极向上的人生态度，这是人的智能和品德发展的基础；是发掘人的潜能的动力，是一个人最宝贵的东西。

成功将会带来更大的成功。

（2）讲究实效，注重学生实质上的成长

我们既要注重学生学习成绩，更要注重学生学习质量，注重学生实质上的成长。今天，越来越多的人认识到，我们的教育要有长远的、整体的观念。教育质量必须体现在学生的多样性以及个性发展上，使我们的学生能更有后劲，能持续发展。要逐渐从实践中摸索出对学生进行整体素质和动态发展评价的内容和方法，这是当前教育教学中有待解决的重要问题。

（3）合作发展，在师师、师生、生生之间形成实质的合作

现代社会，合作与交往越来越成为学习取得成功的重要方面。把自主学习与合作、交往学习结合起来，充分发挥师师、师生、同学间的交互作用，可以促使学生社会化和个性化的不断成功，能取得真正和谐统一的发展。

合作发展过程中，既有学生的发展，也有教师的发展。尤其师师之间，我提出**“小成功靠个人，大成功靠团队”**，人人心中都有这种意识，经过十余年的熏陶，在我们171中学已转化为学校组织文化的一个鲜明特征。

3. 阶段觉悟原则

人类发展的历史，就是既有长远美好向往，又有适当高于自身水平的目标进行激励，求得目标的实现过程。愈来愈多的人在有目标、有计划地发掘自己、发展自己、更新自己、超越自己。

人的成长具有阶段性。一个人通过一段时间的努力，使自己的思想和行为水平迈上一个新的台阶，达到一个新的稳定的水平，这是人人都能够做到的。小的量变质变的积累一定会出现大的量变质变。

人的成长同时还具有觉悟性。人的非凡之处在于自我觉悟。人的觉悟，既包含着人的自我觉察或者觉醒，也包含着人的自我控制、自我更新。人无时无地不在觉悟，只不过觉悟的程度和意义不同罢了。

将这两者结合起来，可以叫“阶段觉悟原则”，其基本要求是把人发展的远大目标和“近、小、实”的阶段目标结合起来。“有层次、无淘汰”的教育方针，正是抓住了这一点，在人的内心深处下功夫，阶段性地提高人的悟性，充分实现每个人的价值，塑造现代化全面发展的新人。

一七一中学教学处给教师们做质量诊断分析

培养学科素养我们是认真的

三、秉持“有层次、无淘汰”的教育方针，使之沉淀为学校文化

落实上述关于“适合教育”的深度思考以及三大教育教学原则，存在一个探索、创新、再探索、再创新的“螺旋式上升”过程。

开始时，“有层次、无淘汰”可能是一种认知、一种观念，带领大家“把一件事情做到底”，“让教育变得简单而有力量”，逐渐转化为大家共同的情感和意志。再经过实践验证、不断获得成功之后，就变成了集体的自动化行为，但并没有停止进化。近几年来，“有层次、无淘汰”，在我们171中学，已经沉淀为一种学校文化，尤其是教育教学的文化，以文化人，以文培元。文化，才是可以传承的，是办学最终要抵达的地方。

将“有层次、无淘汰”教育方针沉淀、转换为学校尤其是教育教学的一种文化，这个过程是漫长的、艰苦的，同时也是最值得提炼、总结的。以下为我和我的团队共同梳理总结的“有层次、无淘汰”文化转换并沉淀的过程：

1. 营建教师成长文化

教师素质有层次，教师发展无淘汰。优化学习型组织建设，渗透“大气成大器，合作谋共赢多赢”的文化气质，

科学发展，以人为本，团队打造，精诚合作，注重“贵在参与，贵在实践，贵在进取”的落实精神，点点滴滴持之以恒，提升教师整体专业水平。

（1）构建“精细扁平”的组织结构

一是细化教育教学部门职责：教学处下设课程部、评价部、学研部、教研部、科研部、信息部；教育处下设常规部、社团部、活动部、宣导部。职能部门的指导性更具针对性和科学性。

二是成立五大中心：科研中心、科技中心、体育中心、艺术中心、俱乐部中心。以创新学生活动、服务学生个性发展为宗旨，从学科教学到课外活动辅导，以及各类竞赛指导、外聘专家开设项目等，全面细致深入地开展工作，以团队之力打造师生发展平台。

（2）形成务本求实、做真教研的教研文化

“做十种人”“大气成大器，合作谋共赢多赢”的学习合作观念已经深入人心。

一是优化备课组建设。171 中学总部专任教师近 400 人，一个备课组多的十几个人，少的 4 人左右。“奉献共行、知识共研、成果共享、反思共做”的备课组成为我们学校教学管理工作一个重要支点。通过“课案教学”课题研究、“自主高效课堂”行动研究、职业道德校本培训，提高了教师整体队伍的专业素养，提升了教师综合能力。

二是创建班级组团队。以团队之力打造高品质教学，助推师生发展。提出“教师是学科成绩的第一责任人，班主任是班级成绩的第一责任人”，为实现学生整体意义上学习质量提升构建组织保障。骨干教师经常走近教师和学生，谈教法，谈学法。

（3）多途径建设积极大气的组织文化

教学文化从外化于行到内化于心，历经多个途径：

①渐进式——议。民主参与，广泛讨论。

②进入式——学。理念引领，关注细节。

③硬推式——训。强化培训，落实理念。

④能动式——行。意行结合，深入人心。

由此，形成积极大气的组织文化：

一是高度一致且坚定不移的共同价值追求。有共同的认识才会有共同的行为，有共同的行为才会有稳定的组织。做“有层次、无淘汰”教育的理念在潜移默化、熏陶渐染中影响着我们171中学全体教职工的思维方式、行为方式和表达方式，并充分发挥了大家的积极性、主动性和创造性，使大家产生强烈的归属感、使命感和责任感，形成心灵契约，形成共同价值追求，让“因为有了我，171的明天更美好”的观念深植人心。

二是大气与合作的工作境界。大气与合作是一对孪生子，有大气的精神就有愉快的合作，在愉快的合作中就能培养大气的精神。如今的171中学，大气成就大器、合作成就双赢的教师文化弥散在学校每一个办公室，外显在每一位教师的课堂里，表现在每一位教师的行动中。

三是愉悦而充实的工作体验。教师之间的大气与合作、感恩与包容促成了快乐的组织氛围，人文关怀、人性管理、心灵契约，成员浸润其间，感受到的自然是愉快。

四是丰富而弥新的教学智慧。美国麻省理工学院博士、学习型组织理论大师彼得·圣吉曾说：“好的创意，团结一致的感觉和工作过程，一群人不断突破自己的能力上限，不断共同学习，全力实现共同的抱负，创造真心向往的结果，这就是学习型组织。”如今的171中学，教师们教学智慧竞相迸发，好点子、好方法、好措施如春笋似春潮，受益的是学生，也是教师，助力的是学校办学质量的跃升。

2. 打造高品质有特色的课程文化

课程，作为学校教学的核心内容和产品，是学校教学文化的物质基础。课程文化也是学校文化的重要组成部分，更是教学文化的核心。学校为实现“有层次、无淘汰”的教育理想，将国家课程、地方课程、校本课程三级课程进一步整合，充分发挥课程的功能，使课程成为学生汲取营养的沃土，使课程成为做“有层次、无淘汰”教育的载体。

（1）课程建设的基本理念

从学生发展层面看：课程要关注学生升学目标，更要关注学生未来发展。

从办学层面看：课程要满足层次多元化的学生整体发展，人人获得进步，人人获得面向未来的基础知识和技能，积极的生活态度；课程要关注学生个性发展，既普遍发挥学生特长与潜力，又注重释放特长学生潜能；课程还要与学校历史、文化、师资、硬件、自身定位相适应。

因此，学校始终认为，课程是实施素质教育的最主要载体，是发展学生、提升教师的重要平台，是传承、丰富、拓展学校文化的主阵地。

学校课程文化建设的基本定位是：

一是彰显学校办学理念，为学生终身发展奠基。"课程文化建设"应体现"一个学校教育哲学的整体追求"。因此，我校的"课程文化建设"紧紧围绕做"有层次、无淘汰"教育的办学理念，通过满足学生多样性、差异性需求，既着眼于全体学生的长远可持续发展，做到"无淘汰"，又通过培养有潜质的学生的兴趣和特长，实现"有层次"。

二是"以校为本"，满足学生和教师发展需求。课程是在学校中开设的，应该植根学校历史的沃土、文化的资源，立足学生的实际和发展要求，依赖学校教师的现状和发展的渴望。课程应该为学校每个学生的个性发展、教师专业化水平的提高、学校内涵发展，创造更多的机遇和空间。

（2）课程文化建设具体目标

新课程实施三级课程管理，强调课程的功能要从单纯注重传授知识转变为体现引导学生学会学习、学会生存、学会做人，课程结构应具有均衡性、综合性和选择性。学校课程建设旨在实现以下目标：

一是系统构建171中学“有层次、无淘汰”特色课程体系。

二是拓展办学特色，深入推进素质教育，促进每位学生个性化发展，让每位学生都得到适合自己的课程。

三是系统构建学校课程管理制度。

四是加快课程信息化管理进程。

（3）课程文化建设初见成效

以“有层次、无淘汰”教育为灵魂，围绕学生全面而富有个性的发展，构建了学校特色课程。

学校课程如下：

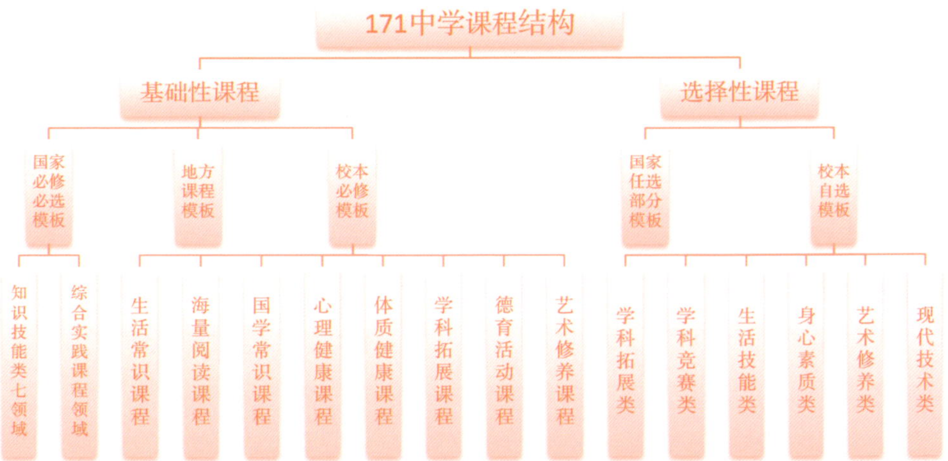

两大板块的课程基础性、层次性、选择性相结合，各自发挥功能，又互为支撑和补充。

基础性课程引领课程建设方向，彰显学校办学思想，以培养学生终身发展能力为核心，着眼于学生未来的生活、学习、工作能力的构建，面向全体，全面奠基，实现“无淘汰”。

选择性课程彰显学校办学品质和育人特色，满足学生多样性、差异性需求，培养学生兴趣和特长，面向部分，发挥潜力，实现“有层次”。

3. 建设自主高效的课堂文化

课堂是实施素质教育的第一阵地，“有层次、无淘汰”教学文化应首先体现在“有层次、无淘汰”课堂文化上。“课改”首要是要“改课”。传统课堂教学有自身优势，但也存在一些不足，比如，双主体地位难以真实凸显，教师灌输局面仍然存在；学生课堂体验难以充盈丰富，学生主动学习意识缺乏；大教学班难以实现因材施教，难以满足不同层次学生发展；课堂增效减负难以真正实现，手段单一方法陈旧。

基于以上认识，171 中学努力构建这样的课堂：充分发挥师生双主体地位，以学生主动参与、能力构建为核心价值，师生互动、生生互动、小组合作，面向全体，不失一生，能实现“三优培养目标”“有层次、无淘汰”的课堂。

171 中学课堂文化的核心理念是：尊重学生差异、激发学习激情、发挥主体能动、获得公平发展机会、成就全员进步与成功。“五步自主高效课堂”的系统构建，使课堂成为做“有层次、无淘汰”教育的第一阵地。

4. 形成多元、动态的评价文化

多元立体的评价机制，注重教育共性要求和学生个体发展的统一，强调评价标准的多元，提倡学生“全面和个性”的共同发展，尊重和鼓励学生生动活泼、主动、协调地发展。对教师的多元评价，既满足了教师个体发展需要，又能充分激发他们的潜力，实现个人发展目标，为学校发展贡献力量，真正达到双赢效果。

经过多年探索和实践，我们总结形成了一套以专业绩效导向为特色的综合评价体系：

个人专业绩效评价包括：希望之星、教学新秀、受欢迎教师、教学能手、功勋教师五级评优和近 20 种涉及教育教学的单项评优；

团队专业绩效评价包括：星级办公室、优秀教研组、优秀备课组、优秀年级组、优秀班级组、优秀行政组等。

每一项评价有标准有量化。采用定量评价和定性评价相结合、个人评价和团队评价相结合、自我申报和团队评审相结合、民主评议和集中审议相结合等评价机制，坚持奖励冒尖、彰显优秀、倡导合作、激励共赢等原则，把教师个人成长与团队建设、团队发展与学校发展紧密结合，形成个人—团队—学校有机发展体。

对于学生，学校同样坚持多元评价。多几把评价的尺子，就多出一批好学生；形成了全面、系统、多元的评价体系；形成了“跟自己比有进步就好”的学生评价文化，鼓励学生“跟自己比”，“跟过去比”，倡导每个学生在自我发展中体验成功、建立自信、完善自我，以“激励性”评价文化实现“有层次、无淘汰”。

关于对教师和学生如何具体评价，将在本书后面阐述。

“创新＋特色”成为一七一教研的共同追求

专家引领你我他

第六章

我们究竟应当培养什么人

一、明确学校培养目标

现在很多人认为，我们在教书育人的目标上存在一定的矛盾。一方面，我们在认识层面都主张开展素质教育；另一方面，很多家长甚至教育界同行在现实面前坦言，“什么素质不素质的，高分才是‘王道’”。所以，很多人会觉得素质教育“难”，素质教育“虚”。

许许多多教育实践恰恰证明，“素质好，才能不怕考”。因此必须将素质教育进行到底，也就是我们一再强调的，要往深处走，要往实里去。

将素质教育具体落实为学校的培养目标，培养具有171中学品质和素养的优秀人才，是我们的理想，也是我们这十几年来不懈的努力和追求。

学校为此提出了培养四维品质的育人目标，这个育人目标的提出，遵循的原则是“站在将来三十年看现在”，也就是说，站在未来三十年的位置上，站在这样一个高度，反观、俯瞰现在，我们给予学生的这些东西，是不是依然管用。其核心精髓在于：学校给予学生的素养、技能等能够终身受用。

1. 健全的人格

党的十八大以来，党中央提出把立德树人作为教育的根本任务。为落实立德树人根本任务，要“全员、全方位、全过程育人”，要把立德树人体现在各科课堂教学之中，渗透到社团活动、管理评价、日常生活等各个环节，延伸到家庭、社会和网络活动的方方面面，建立大中小幼一体化的德育体系。与此相适应，还要完善德育体系、加强课程教材建设、优化育人环境、改革管理评价机制，注重师德师风建设，以德立身、以德立学、以德施教，把立德树人根本任务真正落到实处、变为行动。

所谓根本任务，根本就是最本质、最重要、最不可或缺的。我国几千年的传统文化一贯重视立德树人、以文化人。在较长一个时期内，学校教育都过于侧重知识、能力、升学、就业等，而“德”这个字，往往挂在墙上，无法落实，甚至可以说是本末倒置。如今国家提出“要把立德树人的成效作为检验学校一切工作的根本标准”，可以说是正本清源、回归正道。

而具体到我们一线，建立学校“立德树人”育人体系，其核心目的就是培养学生高度健全的人格。人生就像一艘在大海中航行的船，健全的人格就是这艘船的“发动机”，它主宰了一个人生命的价值和意义。好的教育，应当让更多学生自信自律、心智成熟、品行端正、为人友善大度、具有担当意识和责任意识。

小成靠才能，大成靠德行。越大的成就越靠德才兼备，越注重以德为先。最大的成就靠的都是你不认识的、看不见的、想不到的人发自内心地支持你、成就你，并以此为乐，而这完全凭借你的德行和修养，就是孟子所讲的“天爵”，有天爵，才有人爵，这是天道，亘古不变，否则不能善终。

然而，“知德者鲜矣”，这是孔子批评子路的话，当时的语境应该是孔子被困于陈，没粮食吃了，“子路愠见”，子路气呼呼地到老师这里来发泄情绪，孔子严厉地批评了子路——你也是一个不知德的人啊。

“知德”，要知道什么德呢？张居正讲，义理得于心谓之德，真的通透了，心里明亮了，活出来了，你就体会到“德”这个字意味之深长与真切了。

德，是喊不出来的。我们从小就被教导或去教导人，要做一个正直、善良、有爱心、五讲四美三热爱的人等等，有时口号喊得响但没落实到位，这不能不说是教育的一种缺憾。

德分小德和大德。小德靠行为习惯的培养，知行合一，养出一个个好习惯来，坚持到底，然后固化为神经系统的道德资本，一辈子使用它的利息。而大德靠什么？靠的是苦难与窘迫，人在苦、难、窘、迫甚至惊涛骇浪、生死边缘之中，磨出一种德来，是为大德，没有痛苦，是不可能到达彼岸的。苦难窘迫给了人们一个看自己、看别人、看世界的高度，从中磨出自己身上的德行之厚度与透亮之智慧。

因此，立德树人，培养健全的人格，我们确立了一个重要的路径——以文化人，以文培元，打通心路，提升人的人格水平。具体而言，就是引进中国优秀传统文化，尤其是其中的经典，来融入、润泽我们的每一个生命，也就是说，用我们的生命去切入、体察，在事上磨，把经典一句一句地品，从而影响积极心志与健全人格的生成。“未之能行，唯恐有闻”，能作为贯通终生的经典，不用多，或许就那么几句，守一辈子，就够用了。就像王阳明说的，要学到几千年圣人传下的那一点真骨血，学到干货。一个人一旦有了文化的浸润和滋养，或者让文化融入了我们的生命，直接的作用就是提升自己的内心高度、沉淀自己的底蕴、累积自己的德行厚度。人和人之间，看起来差不多，其内心差别很大，而差别的关键在于有没有文化。做一个有文化的人，或者做有文化的教育，是新时代的一个大命题，值得不断深化，教育改革走到今天，证明这一条路是行得通的。

2. 优雅的行为

通过学生坚持不懈的自我教育，以及学校文化的潜移默化的影响，将“优雅、自信、博识、卓越”的追求，内化于心，外化于行，使学生举手投足，言谈交流之中处处有美德美行的印记。

从教育的本源上看，“优雅的行为”，其实质是“礼”，因为有了“礼”，慢慢外化出来，就是“宁静的自信”和“优雅的从容”，而“礼”来自“敬”，内心有所敬畏。

可以“礼”“敬”“行”三个层次来把握人优雅行为的形成过程：

（1）首先是“礼”

“礼”是什么？“礼”就是良好的教养，而在教育上，良好的教养，不是为了获得他人的称赞，而是更好地适应社会和发展自我。关于教养，孔子用四个字就讲清楚了：“克己复礼。”

克己，就是心怀敬畏，保持距离，留一些余地，是高尚之人的内核；如果觉得好的就伸手去拿，甜的就去吃，美的就去争、去占有，这不是克己，是缺乏教养。

人一旦学会了克己，“礼”就生成了，而有了“礼”，“礼”积多了，就成了“德”。

“礼”是什么？是人和人、人和物欲之间的距离。在实践上，“礼”就是“心里始终装有别人”，且无时无刻不努力去照顾别人，一以贯之。

有“礼”之人，因为内心与他人、与利益有了适当距离，形成了空间。因为有空间，扭曲的东西也就会被理顺、归正，人身上的喜悦与幸福会油然而生。有“礼”之人，自己是愉快的，自己是最大的受益者。

（2）其次是“敬”

“敬”是由内而外的敬畏之心。

马一浮先生讲：“主敬为涵养之要。”也就是说，对民族的历史，对先贤的智慧，对高于自己水平的人，有一种温情与敬意，小心翼翼地走到里面去，一字一句切己体察，事上琢磨，知行合一。

敬畏心，是一切智慧的源泉，只有始终持守敬畏之心，我们的心田里，才会长出美德之花。

孔子讲："君子有三畏：畏天命，畏大人，畏圣人之言。"人是因为心中有畏，故而有敬，有敬，反过来又生畏。而没有敬畏心的人，什么话都敢讲，什么事情都敢做，后果是可想而知的。

一是敬畏天命。人的起点并不为零，而是带着许多我们看不见但确实存在的未知密码的，如血脉传承、文化基因等。人来到这个世界，会有天赋，长大成人后要不断增加责任与使命。只要人能找到使命并为之作出不懈努力，造福社会他就会安心。就成了一个真正的人，也能找到自己的定位、志向、担当。

二是敬畏大人。朱熹讲四书之首《大学》就是指"大人之学"，大人是指有大的情怀、大的理想的人。因为他有情怀有理想，所以会呈现给我们一种气势、气象、格局，我们应当敬畏大人，因为他比我们高，我们应当尊重之、效仿之，学习他的礼、义、信，模仿他如何临事、待人、接物。在生活实践中，"大人"，实质上就是"比我们水平高的人"。他们站在高处，眼界开阔、深邃；他到过的地方，我们不曾到过；他们身上的学养、德行、文化底蕴以及内心高度，令人仰慕。如果遇见了比我们高的人，一定要心怀敬畏。相对于"大人"，就是"小人"，小人只想自己那点事，从不考虑他人、社会，天天琢磨的是无视规律的存在而竭力破格获取，他们常常心有戚戚而不自知。

三是敬畏圣人之言。圣人的话，总是言简意赅、意蕴深远。他们的知识或许不如现代人丰富，但他们的判断力和认知力却穿越时空。他们到过我们没有去过的地方，他们把自己见识的事情告诉我们，我们应当敬畏之。很奇妙的是，一旦内心的敬畏之心升起来了，我们会感动，一感动，智慧之门随之开启。

无敬，则无律，平庸与优秀之间，只隔着“律”这一个字；无敬，则无人托举你，别人给你好的东西，你也接不住；无敬，则心生傲慢、怠惰，人生败局皆由此而定；无敬，则进入不了德之门，不能进入德这个空间，则离道弥远。

（3）最后是“行”

现代教育学中强调教育的过程中“知、情、意、行”四个环节，“行”是落脚点。也就是说，培养人的优雅之行为，是“认知”“情感”“意志”之后，最后固化成的行为模式。

在中国传统文化中，通过“致良知”，然后做到“言行一致”和“知行一体”，则是人不断修正、修炼的核心功课，也是两千多年来从未动摇过的修德之本。

换言之，培养一个良好的内心秩序和厚重的德行，其最终目的是从“行”这个字上体现出来的——学子之行，君子之气，圣人之心。

在教育实践中，就是择机在学生的心田里种下两粒种子：一粒是自主；另一粒是自律。从而实现言行一致、知行一体。

第一粒种子是：自主。自主，就是做自己高兴做的事情的心理。这颗种子的特征是主动的、内在的、自发的。人在这颗种子的作用下，做事情是喜悦的、舒适的、主动的。人的自主精神长出来了，又没有被人为地控制和压抑，就会充满激情、动力十足、富有创造力，做什么都可以做好。

第二粒种子是：自律。自律，就是自我控制，就是“克己”“收敛”，就是接受别人让自己做事情的心理，比如守时守信、遵守规则、不自欺、不欺人等。世界上，高水平的精神共性就在于“自律”两字。

3. 坚实的基础

基础决定高度。无论是知识的储备、运用知识解决问题的能力，还是文化底蕴的沉淀，越是坚实，走得越远。

“回到基础”，“狠抓基本面”，是 171 中学从未动摇过的教育精神。对于一个人一生来说，“基础”“基本功”“基本面”“底子”，都是决定能走多远的决定性因素，也最终决定整个人生的高度。

《孙子兵法》有一句十分精辟的话：“胜兵先胜而后求战，败兵先战而后求胜。”也就是说，胜战之军总是先把自己搞得很强大，先稳操胜券，才去求战；相反，必败之军先与敌人草率开打，企图在作战中侥幸获胜。

有了必胜的把握，再开打，或许这时根本不用打了，不战而屈人之兵。这是所有谋略的核心。而先赢，就是下功夫练好基本功，做好基本面，形成压倒性优势，静中求动，动中守静，一战而定格局、定天下。

对于学生来说，“基础”和“基本面”，就是牢牢筑牢基础，把每一道题都做对、做透、做深，上好每一堂课，读透每一本教材……

“基础精神”至少包括三个方面：

（1）下足笨功夫

所谓“下足笨功夫”，就是《中庸》里说的：“人一能之，己百之；人十能之，己千之。果能此道矣，虽愚必明，虽柔必强。”别人一遍能做到的，我做一百遍；别人十遍能做到的，我做一千遍。果真这样做，即使是愚笨的人也一定会变得聪明，即使是柔弱的人也一定会变得坚强。

也就是，戒懒、戒散，让心始终立起来，真诚，不自欺，也不欺人，暗暗下足笨功夫。凡下过笨功夫的人，都知道“暗暗”这两个字的厉害。“暗暗”的意思就像是鸭子划水，表面上看，平静前行，实际上，水底下鸭脚掌，铆足了劲，使劲地、高频率地划动，不动声色地下功夫。

（2）认真的能力

学生学不好，从根本上来说，是缺乏一种认真的能力。

认真，不仅仅是一种态度，更应当是一种把每道题、每一件事情、每一步做到极致的能力，而这种能力是可以训练而成的。

根据教育专家们的研究，学生学习成绩不理想，都是因为不认真。表现在：看书好像一看就懂，其实没有真懂；上课，看似一听就明白，其实没有真明白；做作业，错了，找一个借口，说是自己马虎所致；考试，考完了，不检查，就上交……看起来都是浮躁病，实质是缺乏一种认真的能力。

比如，解一道数学题，认真的能力至少包括：慎重审题—开拓思路—掌握技巧—懂得方法—细心运算—检查验校。

认真，是通往卓越的必经之路，在人的一生中，它也是核心竞争力。凡能让人尊敬的人，说到底都是具有认真态度和能力的人。

（3）做事情有计划、有目标

这个世界上，做事情没有计划、没有目标的人，往往都是替做事情有计划、有目标的人打工的。

时间是一个长度，人生则是一个宽度，把人生的宽度放在有限的长度里，表现为良好的内心秩序，更是一种高水平的自我管理。

所谓的好学生，是把别人散漫的时间，集中起来用在学习上。这就是做事情有计划、有目标的一种集中体现。

比如中高考，从项目管理的角度上看，更是学生主体自我管理的一次完美训练，一旦成功通过了中高考，获得的是对自我管理的深刻体验和切实成果，一辈子都受用。

4. 出色的智慧

要让每个孩子都有出彩的人生，抓手就是要办大气的教育，让他们在校内校外、课上课下有见识，长智慧，有格局，大气成就大器。

我们希望 171 中学毕业的孩子，都有一种鲜明的时代性特点，也是优势，那就是：成为一个具有出色智慧的人。

“出色”，就是特别明显、亮丽、精彩；“智慧”就是超乎寻常的认识、洞穿把握真理的能力，包括文化的底蕴、厚重的德行、审美的境界、优秀的思维等。

“出色的智慧”，就实践层面上说，则是“思维”，我们在教育教学过程中，把培养人的“思维”作为重中之重。

（1）人的优秀，就优秀在思维上

①思维是智力与能力的核心。在完整的思维结构中必定有智力因素和非智力因素，有认知因素和非认知因素。思维在人的全面发展过程中起决定作用。

②学生在有效的学习状态中会逐步主动适应变化，解

决问题的过程是逐步完善和发展他们的思维结构的过程，也是他们学会思考、学会学习的过程。这一过程会促使思维结构发生动态性发展，思维结构的动态性发展是思维结构的精髓。

③在思维结构中有一个监控系统，其实质就是思维活动的自我意识，它有着定向、控制和调节的作用。

④思维的发生和发展具有个体差异性，即个体思维活动的智力特征，通常叫作思维力品质。学会思考和学会学习必须体现学生的多样性、差异性，亦即体现在学生思维智力品质的发展上，从而提高教育质量。

（2）人的思维的最终到达就是能力

人的思维，一旦得到发展，就会开花结果，它开的花、结的果，就是“能力”。

所谓能力，就是人主动利用条件实现效果的能动性。而培养能力，是学校的最低纲领。培养能力的三个要素如下:

第一个要素：努力追求

洞察、想象、变通、记忆、表达……无论哪种能力，必然含有“努力追求”这一要素。我们观察身边那些被大家公认为能力强的人，他们在这方面也必然具备这一要素。而人们在培养能力的工作中，往往过分注意那些技巧性环节，忽视对这第一要素的强调。

没有努力追求，就没有能力。所谓努力追求，主要是指强烈追求的热情、付诸行动的勇气和勤奋刻苦的习惯。这一要素涉及一个人的整个内心世界——个性、需要、价值观，以及由认识、情感和意志所决定的态度、动机。这说明了能力和德育、美育的密切关系，和教师教书育人的密切关系。

第二个要素：充分发挥

在我们认识世界和改造世界的实践过程中，只凭主观愿望而不运用客观条件，是不可能产生任何效果的。

作为一种能动性，“充分发挥”这一能力要素，不应该只是一般性地利用条件，而应该是支配条件、充分发挥条件的作用。也就是说，对条件有一种主人翁态度；从一切条件中都能看到对自己有利的一面、可用的一面；在需要用到它的时候敢于把它拿出来用；敢于去变革条件；敢于把各种条件大胆地加以调动、组合、改造。

第三个要素：灵活调节

前面两个要素，一个强调了努力追求的主观精神上的动力，另一个强调了充分发挥条件的作用，使之充分发挥出客观的物质力量。如果只有前两个要素而没有“灵活调节”的话，就会陷入主观任性和盲动蛮干的纠结之中，而不可能构成能力。

“灵活调节”这一要素是指人在探索、适应和利用规律上的自觉能动性，是其为了符合规律取得效果而调节各种力量的可能性，它是实事求是的态度，是关于进退、左右、取舍的一种分寸拿捏，以及变化角度、迂回前进、殊途同归的灵活性。

综上所述，171 中学的这个四维培养目标，实质上就是培养德智体美劳全面发展的社会主义事业的合格建设者、可靠接班人的校本化培养目标模块。做教育，首先要搞清楚：培养什么人？怎样培养人？培养人的什么？不仅要搞清楚我们国家的要求，还要转化为校本化的可实现途径。

一七一中学科技社团获金奖留念

一七一中学智能机器人社团师生代表参加挑战赛合影

一七一中学运动队各美其美

踏着快乐的舞步

二、养树养根，持续改善育人之本

1. 筑牢以课程、课堂、课案为一体的学校育人主阵地

教学，一定是育人的主阵地。十几年来，我们坚持把这件事情做到底：

（1）课程体系

我们用了十年时光，紧紧把握国家课程校本化、校本课程特色化、特色课程精品化三个目标，加强课程领导力与加工力的建设。

这十年中，我们摸索出了国家课程校本化的基本路径：变课标为学标，变教材为学材，变教案为课案，变先教为先学，变接受为探究，变独学为合作，变同质为个性。

同时，围绕特色校本课程精品化，早在十年前我们就开始了全员选课的尝试。40 多门校本课程走上选课平台，面向全体，全校走班，先选先得，如有矛盾，教学处统一调剂。力图让每个学生都有选择性学习的机会，拥有个性发展与创造的机会。课程实施采用"工作室制"，实现"专人、专项、专室"培养学生"专长"。在 171 中学，学生在学校至少学会 4 门艺术、2 门体育、1 门科技，即"4+2+1"特色课程。学生在选择中发现自己的兴趣、爱好，在普及中

发现潜力，在学习中培养特长。最终实现各选所爱、各研所长、各成其才。

（2）课堂体系

生命在课堂，教育在现场，必须下最大力气盘活学校最大无形资产——课堂。课改首要是改课。经过十年坚守，历经几度深改细磨，171 中学目前已经形成具有本校特色的“五步自主高效课堂”，这五步分别是：

第一步，展示学习目标。教师简明扼要展示学习目标，让学生快速、准确地知道学习的重点难点是什么，从而自主把握后续的学习，做到有的放矢。

第二步，自学交流。学生根据课案进行自主学习，通过思考、合作、学习、交流，培养学生自主学习的能力。

第三步，展示提升。展示的前提是小组合作学习，不仅提升学生自主的思维能力和应变能力，而且不断激发小组成员基于自主、主动的语言表达能力与合作学习意识的培养。

第四步，教师精讲。充分发挥教师“教”的主体地位：做情境的创设者、疑难的解决者、方法的提炼者、规律的总结者。教师要能够具备这样一种硬功夫：围绕多数学生无法突破的难点，在短短几分钟时间里一语中的，从而为学生自主学习扫清障碍。

第五步，练习反馈。设计有梯度、有针对性、有适当知识和思维容量的题目，让学生练习并及时反馈，自主检查对所学知识的目标达成度。

（3）课案体系

课案是我们171中学课改的特色产品。十年之前叫“学案”，后来改为“课案”，因为学案承载的价值越来越让我们觉得称之为“课案”更恰当。我们认为，课案是教学载体和抓手，实现课案的高效、高端、高质，引导师生逐渐从被动接受课案教学到主动推进课案教学。

我们171中学每位老师实现了课案文化的自觉升华，拥有前所未有的获得感自不必说。单就学生而言，他们不仅成为最大的受益者，而且成为课案文化的建设者。课案有三个鲜明特点：第一，把预习、训练、检测变为一件事情；第二，管理层上，把课案这个抓手做到极致、惟精惟一；第三，实现星级化、生活化、学科价值化的统一。

课案是抓手，课堂是学校最大的无形资产，课程质量是学校发展的生命线。将这三者有机融为一体，形成一个体系，这是我们171中学教育内涵发展确保质量稳步上升的整体解决方案。

关于这方面内容，本书后面还会作深入、系统的阐释，这里只作简要概括。

2. 习惯，使生命得以高质量发展

养成教育是管用一辈子的教育，党和国家一向把养成教育作为推进素质教育、深化教育改革的重要方面、具体抓手。

习惯养成就是帮助人们建立起一套具有积极的、自动的内在精神系统，使内在世界变得清晰、坚定，使生命变得和谐，让人由混沌走向澄明，让个性由蜷缩变为舒展。

习惯，使生命得以高质量发展。

习惯不仅是人生之基，更是一个国家和民族的核心竞争力。根基不牢，地动山摇。培根之事，是我们教育界当务之急，也是培养社会主义事业的合格建设者和可靠接班人的第一要务。

大家都知道，习惯是人的稳定的甚至是自动化行为。拿心理学的话说，习惯是刺激与反应之间的稳固联结。坏习惯是一种藏不住的缺点，别人看得见，自己看不见。因为习惯是一种自动化了的行为，潜意识的表现，并不一定是他自己希望的行为。

人的行为模式

人的行为从方向上可分为良好行为与不良行为，从行为方式上可分为定型性行为和非定型性行为：

定型性行为 { 良好的习惯 / 不良的习惯 }

非定型性行为 { 正确的行为 / 不正确的行为 }

良好的习惯、正确的行为 → 良好的人格

不良的习惯、不正确的行为 → 不良的人格定型性行为指的是习惯动作，要靠长期的培养和训练养成。虽然看来是行为的习惯，但它却是完善人格不可缺少的，是成才的基本条件之一。

非定型性行为指的是人的非习惯性动作，这是我们经常遇到的一种情况，采取什么行动，主要靠意识支配，这种意识不是简单的训练产生的，而是靠长期的培养，靠道德的积累。

而人的行为又分四个层次：

最低层次是被动性行为。它需要靠外部的强制力量。这是因为此时的道德认识还不充分，道德情感还不稳固，还没有形成道德意志。如老师在场就遵守纪律，老师不在场就不遵守纪律。

第二个层次是自发性行为。通过接受教育，对习惯培养的重要性有了基本认识，并能自发地根据情境要求去做，但由于自控能力差，兴趣、情绪变化大，行为具有随意性和情境性，行为习惯常常顾此失彼，不能完全到位，反复性大，往往是不稳定的。这时不但需要自己的意志努力，还需要一定的外部提醒和监督。

第三个层次是自觉性行为。它需要一定的意志努力，靠内部的自我监督。此时已经有了一定的道德认识，并有一定的道德意志，能够进行自我要求和自我监督，不需要外部监督，但仍然需要自己的意志努力。

最高层次是自动行为。既不需要外部监督，也不需要自己的意志努力，这时遵守的纪律不是被迫的，而是自然的、自动的行动——习惯。

习惯养成的最高境界是形成人的自身需求，而不是外在的强制。习惯的养成，是一个主动建构的过程。荀子讲：“不闻不若闻之，闻之不若见之，见之不若知之，知之不若行之，学至于行之而止。”

习惯培养，应当是人格化的，而不能是技能化的。人格化习惯具有再生性和迁移性。技能化习惯使人机械，缺乏内心的认同和热情，人格化习惯则内化于心，并富有热情。

由此，我们来认识一下习惯培养的六个步骤：

第一步：认识某个习惯的重要性，提出目标；

第二步：确立具体的行为规范，把习惯内容具体化为日常行为，最好是阶梯化；

第三步：树立榜样；

第四步：持之以恒地训练强化；

第五步：对行为进行评估和积极反馈；

第六步：形成风气、文化，转化为自觉行为。

长期以来，我们171中学以培育和践行社会主义核心价值观为指引，以行为习惯为抓手，以扎实推进我校综合教育改革为动力，以促进学校、教师、未成年人全面发展为目标深入推进实践育人模式，以“固传统，成系统，找亮点，寻新意”为基本工作思路，探索教育规律，针对不同年龄段学生特点，依据学生成长的需求，抓教育契机，利用现代时尚方式，结合传统文化内涵，稳步扎实推进养成教育这个“基本面”的工作。

尤其是近年来，我们围绕以培养具有“健全的人格、优雅的行为、坚实的基础、出色的智慧”的171中学优秀人才的目标，坚持“在继承中发展，在发展中超越，在传统中变革，在变革中创新”的原则，以“立德树人”为出发点，不断提升学生思想道德建设工作水平，打造具有171中学特色的德育空间，以“常规管理”促“养成教育”，着力以“私德教育”促“公德教育”，彰显171中学德育工作“以德化人、以文养人”的新风范。

3. 让学生成长在活动中

伴随着社会经济的发展，人们对教育的期待值越来越高，社会呼唤综合素养高并且富有个性特长的孩子。学校通过丰富多彩的课程、精彩纷呈的社团活动，为学生成长搭建了宽广的平台，从而满足学生个性化成长的需要，让更多学生拥有了出彩的机会。

围绕丰富的课程，学校各种社团如雨后春笋般发展起来，为学生提供了选择的机会，满足了他们发展兴趣特长的愿望，学生们在丰富的课程资源和社团活动中汲取自己需要的营养。

“学生成长在活动中”，目前我们学校已有近50个社团，每位学生都逐渐找到自己的爱好点，享受成长的快乐。

在众多社团中，合唱团、钢琴社团、游泳队、校园电视台、JA经济社团、智能机器人社团等已成为“明星平台”。他们出色的活动，吸引、培养了一批又一批学生，让学生们在参与中感受到社团活动的魅力。

同时，进一步构建学校的活动体系，如时尚德育活动：以“德育艺术化、德育传统化、德育学科化、德育快乐化”为内容，组织丰富多彩的主题活动。

①自主探究型学习活动：“Discovery探索频道南极探险专题讲座”“走进遗产——遗产保护青少年推广活动”。

②快乐阳光体育活动：晨练活动、花样跳绳比赛、毽球比赛、呼啦圈比赛、羽毛球比赛、智力运动会、中医养生保健操、特色课间操。

③个性特色展示的文艺活动：“弦动我心、国乐风华——民乐演奏会”“钢琴社团专场音乐会”“京剧艺术展演”“学生戏剧艺术节展演”。传统文化活动：“《智慧札记》品读”“儒学大讲堂”“中秋谜语你来猜”。

④“我的地盘我做主”学生社团活动：模拟联合国社团、JA经济社团、“璀璨中国”历史文化社团、“绿色守望者”环保社团、171民乐坊、风铃文学社、学通社记者团、精神动漫社、清泠朗诵团、校园电视广播台、摄影社、桥牌社、男

女篮球队、足球社团。

⑤益智益学的科技活动：机器人制作与编程、航空航海模型制作、科技创新实验。

⑥海量阅读活动："晨跑换美文""九阶晋级制""好书推介会""图书漂流""班级图书馆""读书报告会"。

还有资源共享的蓝天活动、志愿者活动、社会实践活动等等，已形成具有171中学特色的活动体系。

学校将每位同学的活动情况建立评价档案，将其参与的各种活动记录下来，期末给予综合评价。每位课程活动指导教师都要针对自己的教学内容进行相关学习研究，学校鼓励老师们撰写论文，积极参与各种展示活动，不断创新教学内容和提高理论层次。

今天来看，171中学的教育教学体系以及精彩的社团活动，让学校不仅成为孩子和家长所向往的教育高地，而且也已成为引领我们中学教育发展的新标杆。

4. 把艺术教育做实、做活、做足

艺术的潜在生命力就是无限的创造；艺术的最高境界，是在物质文化和精神文化中融合并发挥其打动人心、催人奋进的积极作用。

艺术教育的本质是美育。美，是一扇门，推门进去，将为我们赢得空间，从而获得人生的兴趣与原动力，让我们从向外看转向向内看，进入并沉浸到宁静的世界里，完善自己的内心秩序。

用审美之精神照耀人生之路，还意味着以敬畏、谦卑、有教养的心去感知、拥抱每一个人和每一件事，于微小处证见伟大，在轻浅时勇于迈向深刻。心之灯，就像手电一样，照射、感应到每一个细节之巨大力量。

培养拔尖创新人才，和美育有着直接关系：

①创新人才的特点是具有创造冲动，有丰富的想象力和敏捷的直觉。关键是创造冲动，而人的创造冲动正是来自对美的感受和追求。

②世界上的许多事物都是有规律的、有秩序的，同时又具备简洁、对称、和谐等形式美的特征。

③创新人才要去大胆开创新局面，需要宽阔、平和的胸襟，需要内心的高度。目光短浅、心胸狭隘、内心居于低处的人只会抄袭或者模仿，不能去开创什么。

④传承是创新的前提。人类在不断循环中演化，循环是守旧，演化是创新。真正意义上的创新，无不是基于对自身民族文化的坚守、继承，并在扎根生长中吸收营养而发生的。

在全面提高办学水平，实施素质教育的过程中，紧紧围绕四维培养目标。学校以全面开展艺术教育作为实现办学目标的重要方式，大力开展艺术教育活动，不断丰富艺术教育课程，并将全面普及和专业突出发展相结合。既花大力气打造一批有特色、水平高的专业艺术队伍，还开展了丰富多彩的校园艺术活动，使每一个学生享受到艺术的魅力，享受到艺术教育的成果。

介绍三个案例：

（1）人人都能掌握几种艺术专长

171中学积极响应并落实教育部、市教委对学校艺术工作的指示，在上好文化课的同时，认真推进中华传统文化进校园，创造了“人人都能掌握一种艺术专长”的选修课模式，成立艺术教育活动中心，年年开展全员参与的“体美日”活动。各种艺术活动的开展使学校的教育教学活动充满艺术与美的气息，带动整体教学活动的生机与活力。

学校成立由我担任组长的艺术工作领导小组，在成员教学处的大力配合下，整体美育教育广泛开展，根据国家计划制定学校的三年美育工作计划，并年年制定学校美育工作计划，将美育工作纳入学校整体工作中，体现在教育处、教学处的工作计划中，落实在学生日常活动之中。

（2）改扩建艺术教学专用教室

根据学校艺术教育发展需要，学校在各个社团中，配齐配足专职教师，同时向社会聘请京剧、大提琴、长笛、吉他、二胡、篆刻、书法、茶艺等专业教师，校内外教师一视同仁，学校积极为其提供外出学习及培训机会，使教师们专业上融通交流，不断提高专业水平，保证学生的专业需要。

为更好地开展教学，使学生更好地融入艺术活动之中，学校改扩建22间艺术教学专用教室，软硬件的配齐配好更加推动了我校艺术活动的开展。与此同时，学校还敞开大门，对社区、对校内师生全面开放所有场地设施和教学活动，定期举行各种演出、演唱等艺术交流。

对上级划拨的美育活动专项经费，学校有相应的领导小组给予审查使用，优先保障好东城区少年艺术学院及金帆合唱团艺术活动的开展。全校各项艺术活动每年投入大量教育经费，有力保障了各项艺术活动的开展和质量的提高。

学校的各个级部，完全按照国家规定的要求，开齐、开足音乐、美术课程，并根据学生需要开放课外的民乐、合唱、舞蹈、绘画、手工、书法、布艺等选修课程。利用周五下午第三节课时间，全校学生自主选修、参加了拓展课程，走进美育特色教室，学习自己喜爱的特色内容，“优秀基础加特长”的教育理念得到充分体现。

（3）艺术教育成果丰硕

2018年12月27日，171中学教育集团以《向改革开放40年教育献礼》为题在人民大会堂举行的课程成果专场展演，其实也是集团艺术教育成果的一次综合展示，因为展演课程成果的主要载体和形式是艺术。展演以舞蹈《绽放》开场，师生活力四射、优美动人的舞姿抓住了在场6000多名师生、家长和市、区教育部门领导的心，校领导充满教育情怀的诗意致辞赢得阵阵热烈的掌声；随后，中国鼓、民乐、合唱、表演唱、情境表演、诗朗诵、京剧表演等多种多样的艺术形式纷纷登台亮相，精彩纷呈，令人目不暇接；钢琴社团学生与音乐老师联袂演绎双钢琴四手联弹令人陶醉感动，其中《黄河大合唱》澎湃激昂，引起观众强烈共鸣，台上台下成了共同展现爱国情怀的激情海洋；百名师生同台起舞、同频共振的踢踏舞《铿锵节拍》将演出推向高潮；最后，展演在台上 2000 余名师生、台下 6000 余名观众的齐唱《歌唱祖国》中落下帷幕，台下观众久久不忍离去。全方位呈现集团艺术教育硕果的这场展演赢得社会各界好评如潮。大家感言：随时拉出来，只用一个多月业余时间稍作准备，就在人民大会堂呈现了这样一场 2000 多人参演的文化、文艺盛宴，如此精彩，如此震撼人心，实属难得，让人惊叹！许多家长甚至发出“这是教育界的一场春晚”的赞叹。

学校美育工作成绩突出，近三年获得艺术类奖项的达千余人次。其中 4 次获得北京市金帆艺术奖，共有 18 位同学因参加艺术演出活动获得个人金银帆奖，学校还多次获得市区艺术教育先进集体表彰，各项艺术节比赛中学校的总体成绩在东城区名列前茅；教师也获得杰出教师、全国优秀教师、特殊贡献等荣誉称号。

2016 年，学校获北京市中小学“十二五”美育研究先进单位。特级教师许德昌成功申报了“十三五”国家课题“小学生在歌唱中的音准、音色、音高、音量的训练”，在东城区蓝天工程的引领下，学校金帆合唱团与 12 所中小学建立手拉手学校，区教委为许德昌老师成立了“合唱特色工作室”，为11位区级优秀教师搭建了更高的学习交流平台，许老师也被中国合唱协会聘为常务理事，经常到全国各地进行艺术交流及教学活动。171中学的金帆合唱团也被签约为国家大剧院童声合唱基地，学生参加了建院以来所有歌剧中的童声表演，并定期举办面向社会的专场音乐会。合唱团的学生们站在国家级艺术平台上，与来自世界各地的艺术家同台表演，在活动中享受世界文化熏陶。171中学的金帆合唱团还长期承担国家重大演出任务。金帆合唱团的活动及成绩像一面旗帜引导我校艺术活动的开展，其管理机制及训练模式也成为全国许多学生艺术团研究的课题。

5. 素质好，才能不怕考

171中学的教育不是培养考生，而是培养学生；不是把课堂变为按工艺流程进行人才生产的梦工厂，而是把学生看作一个个个性鲜明的人来造就。

171中学为学生的发展提供一个广阔的平台，丰富的课程让学生的天性得到充分发展。考生以学会为目的，去寻找已知世界的现成答案；而学生以学会为手段，去探索未知世界。培养考生还是培养学生，这是应试教育和素质教育的本质区别。

正是这种重考不唯考的理念，让171中学的学生有了从容、淡定应对考试的态度，在素质教育的今天取得优异的成绩，可谓是静待花开、水到渠成。

也就是说，高考成绩的背后，是学校坚定不移地“把素质教育进行到底”。打开学校的课程表，可以看到，学校广泛开设各类选修课以满足学生要求，积极鼓励学生参加全国及北京市各类学科竞赛、金鹏机器人、北京市翱翔计划、科技创新等大赛，曾有多人斩获一等奖。担任机器人社团团长的郭含熙同学，获得全国机器人竞赛一等奖、北京市科技创新大赛一等奖、北京市金鹏科技论坛一等奖，最终获得高考全国性加分；“翱翔计划”人文项目的参与者李怡、许菁华等同学，以高水平的论文参加北京市金鹏科技论坛、科技创新大赛，获得一、二等奖，在北大清华夏令营中，表现优异，获得清华加分。这样的精英学生层出不穷，在171中学已经形成一个庞大的优秀群体。

中高考对于171中学来说，是落实国家素质教育方针，理解和贯彻国家考试招生制度改革的检验和洗礼。学校秉承“把一件事情做到底”的办学理念，“让每一个学生发光”“有层次、无淘汰”等全面素质教育方针，注重“细雨湿衣看不见，闲花落地听无声”的过程性培养教育，并最终在高考考场上实现“不畏浮云遮望眼，只缘身在最高层”的国家选拔人才目标和需求。

扭住素质教育重犁深耕，春华秋实就会顺理成章。这些年尤其是近三年，171中学中高考骄 人成绩的惊现，从根本而言其实是水到渠成的呈现。三年来，我校学生获全国学科优胜奖 360 多人次，北京市学科优胜奖 1500 多人次；金帆合唱团获全国金奖 3 次，北京市、东城区一等奖各 5 次；科技创新活动中获国际奖项 17 人次，国家级奖项 90 人次，市级奖项 800 多人次，区级奖项 1300 多人次。

王昭宇同学在世界中学生游泳锦标赛中获得冠军，并在五年中获得国家级金奖 17 次、北京市一等奖 34 次；汪晓娅同学在“明天小小科学家”创新大赛中荣获第十七届北京市科技市长奖。学校先后被评为全国百强学校、全国科研先进单位、全国科技创新十佳学校、全国综合体育传统校，获各类荣誉称号 40 多项，被誉为北京市加工力最强学校代表。

回望上溯，学校摘得高考总分区状元桂冠、单科状元也是连年薪火相传。我们大致列了一个菜单，并非完全统计，只是找了一些有代表性的例子，来管窥“素质好，不怕考”的大道之行：

2011 年，孙思进同学理综 282 分，名列全区第一。

2012 年，郭玲同学理综最高分 291 分，全市第二名，位居全区第一；范立尧同学英语 138 分，位居全区第一。

2014 年，宁敏行同学以 709 分夺得东城区理科总分第一。

2015 年，李涵同学语文 143 分，北京市第一名。王梦瑶、李睿璇两位同学文科数学获得满分 150 分。

2016 年，姜文朵同学获得东城区文科语文、数学双料状元，都仅比市状元低一分。

近几年，学校通过清华北大自主招生、领军计划、博雅计划的学生达数百位，众多学子被清华北大等国内外名校录取。

学校高中毕业生往往是顶尖高校争相揽入麾下的对象。2015 年凌明柔同学的成绩位居全市最前列，北大清华同时关注，最终进入清华经管系。2016 年姜文朵同学在接到清华大学法学国际班招生电话的同时，还受到北大招生组的青睐，希望她可以到北大学习法学，也可以选择北大光华学院。类似的事例在近几年高考中频频出现。

选择出国的同学，凭借优秀成绩，特点鲜明的个性，提前被美国、加拿大、英国等世界名校录取。如姜楠等同学被耶鲁、普林斯顿、哈佛、麻省理工、加州伯克利分校等世界顶级名校录取。

学校始终坚持素质教育和精英教育二者兼顾，努力实现“让优秀生更优，让普通生成优，让潜质生向优”的“三优”培养目标，实现全员优质。自 2011 年至今，学校连续多年实现一本率 99%，真正实现“面向全体，不失一生”。相比于学生入口考分情况，出口考分实现显著提升。600 分、650 分以上高分段人数，更是稳居东城区前列。在全市高考高分段人数大幅下降背景下，2016 年 171 中学逆势上升，600 分以上人数达到 95%，理科均分达到 630 分，文科 650 分以上人数突破 50%，高分段优势凸显。

2011 年中考，语文全区 10 名状元，171 中学占据其中 6 个席位，至今尚未被打破纪录。

2013 年中考，学校学生陈天一夺取数学满分状元，这在当年是全区耀眼的成绩。全校学生中考成绩 500 分以上区域内人数最多，六七成学生达到示范校的上线率，优秀的育人土壤培育出出色的学生。

2014 年中考，在东城区前 5 名学生中，171 中学占据 3 席。刘灿同学以 574 分的高分荣获东城区总分状元，王范祎祎同学以 573 分获得东城区第二名，李子涵同学以 570 分位居东城区第五。单科成绩出现批量状元：数学满分状元 3 人，物理满分状元 8 人，化学满分状元 3 人，达到 550 分高分段的人数 90 人。初步估算，能进入优质高中学习的人数比例占 70%。

2015 年中考，殷厚璞同学以 574 分夺得东城区总分状元，数学满分状元 3 人，英语满分状元 17 人，物理满分状元 1 人，化学满分状元 7 人。70% 左右的学生中考成绩达到示范校录取线。

2016 年中考再创佳绩。“耕耘结硕果，桃李竞芬芳。”初三（1）班罗梦霖同学以总分 583 分的优异成绩获得东城区中考总分状元。570 分及以上有 15 人，在区域内名列前茅。560 分以上有 105 人，540 分以上有 333 人，500 分以上有 509 人，高分段人数在区域内占绝对优势。中考单科成绩呈现批量满分，共计 234 人次，其中数学 27 人、外语 73 人、物理 20 人、化学 21 人、体育 93 人，在区域内独占鳌头。

2017 年高考，一批精英学生成为北大、清华等名校争相招揽的对象。600 分以上及 650 分以上高分段人数，更在区域内名列前茅。中考，学校各学科满分 242 人次，王子歆同学惊现中考五科文化课全满分的成绩，为北京市唯一。

2018 年续写中高考辉煌。中考，540 分以上高分段学生全区最多。高考，171 中学文理科总分、600 分以上所占总人数、被 985 和 211 高校录取率在区域内名列前茅。

到 2019 年，稳中有进，依然保持上升势头，考试成绩更上一层楼，多项指标名列东城区乃至北京市前茅。

171 中学连年不断走高的成绩，不断印证了“素质好，不怕考”的真谛，我们的学生也是在利用中高考这个机制，不断发展自己的素质，进而从优秀迈向卓越。

6. 坚持多元评价，警惕“用一把尺子量所有人”

应试教育和素质教育的本质区别在于，应试教育是“用一把尺子量所有人，让大多数人成为失败者”，素质教育则是“用多把尺子量不同的人，让所有人都成为成功者”。

我们171中学坚持走素质教育之路，经多年尝试，形成了多元立体的评价机制，注重教育共性要求和学生个体发展的统一，强调评价标准的多元，提倡学生“全面和个性”的共同发展，尊重和鼓励学生生动活泼、主动、协调地发展。

比如，这些年来，171中学形成了“跟自己比有进步就好”的学生评价文化，鼓励学生跟“自己比”，跟“过去比”，倡导每个学生在自我发展中体验成功、建立自信、完善自我，以“正强化”的评价文化实现“有层次、无淘汰”的教育方针。为此，学校精心设计了学生奖励项目，让每个孩子只要用心努力就会有收获。目前已形成覆盖面广、针对不同层次学生需求、深受学生欢迎喜爱的激励机制，打造了在学生中有号召力和品牌效应的荣誉称号。

再比如，根据171中学学生质量和培养目标以及新课程要求，学校还进一步完善了以学业综合评价、小组学习课堂评价为主要内容的学生评价体系，引导学生协调发展。学业综合评价体系包括过程性成绩（共40分）+模块考试成绩 ×60%。为配合“五步自主高效课堂”教学，学校推出小组学习课堂评价体系，评选优秀小组和优秀个人，并为每位学生建立成长档案。

与此相对应的教师发展的多元评价体系也应运而生，学生评价体系、教师发展评价体系两个评价体系，相互作用，有机融通，成为 171 中学评价体系的“基本面”，这也是学校内涵发展的独特“密钥”。

建设具有学习力、思考力的教师队伍

为全市信息学教师做培训

第七章

办学治校三大定律

这些年，每年都在举办各种论坛，研讨如何办好一所学校。最终我认识到，还是要少讨论多实践，回归本源。好学校不是坐而论道出来的。

要回归原理，回归规律，回归定律。只要遵循科学的方法论，再结合实际生成解决问题的技术，就能推动学校由大向强。

尤其在当前集团化办学的状态下，因材施教的难度更为凸显。集团化办学注定校长的眼睛、嘴巴、耳朵不够用了，整个教育集团校长看不完、听不全、说不尽是必然。面对这种状态，作为一校之长，要把有限的精力放在搞好顶层设计上，明确时间表和路线图，确定更加行之有效、利于规范操作的方法论。

在实践层面，对我们来说，只需要认定一些东西，不用多，然后一以贯之去做、去行动、做到底，这才是真理。

因此，我慎重提出“三大定律”的问题。所谓“定律”，就是 law，就是“立法”。牛顿提出了著名的三大定律，牛顿为宇宙立法。我们经过反复实践、推演、论证、评价，找到了三个定律，它既是人发展的基本定律，也是办学治校的定律，虽然不一定完备，但在多年教育管理实践中，不断在印证其有效性、科学性、价值性。

我们抽取总结出来的三大定律是：正强化定律，梯进定律，螺旋式上升定律。

一是正强化定律。校长影响教师最有效的办法是带领他们进步，老师影响学生最有效的办法是唤醒他们的潜质。建立行之有效的师生评优评奖激励体系是十分重要的一个基本方法。其方法论在于贯彻优势发展原则，把人的优势充分发挥出来，实质就是树立信心。学校管理中一定要注重释放教师学生业绩表现，在他们赢得认可、赢得尊重、赢得成就感的同时，增强“自我塑造”，做更好的自己。

二是梯进定律。171 中学一以贯之的“有层次、无淘汰”办学方针，正是遵循这个“梯进法则”千锤百炼打磨出来的。“阶梯”的提出，是当前解决适合每个孩子水平的教育问题的一个重要突破口，也可以说是个性化教育的实质。使不同水平的孩子各得其所，人人有发展，是解决“合格人才”和“拔尖人才”同步同堂双培养矛盾的一把金钥匙。

三是螺旋式上升定律。学校教育综合改革是一个系统工程，只有在有守有为、守正创新中不断实现螺旋式上升，才能走出平庸、突破瓶颈，才能实现质的跃升。学校重点关注五个方面：育人模式的螺旋式上升；合作机制的螺旋式上升；课堂改革的螺旋式上升；德育工作的螺旋式上升；管理机制的螺旋式上升。这使学校各个方面获益良多，从这个角度说，171 中学的发展正是得益于对这个定律的认识、把握和运用。

为此，我们进行了初步梳理和推演，以图对三大定律作系统的阐释：

一、第一大定律——正强化定律

美国著名心理学家斯金纳提出一种理论，认为人或动物为了达到某种目的，会采取一定的行为作用于环境。当这种行为的后果对他有利时，这种行为就会在以后重复出现；不利时，这种行为就减弱或消失。人们可以用正强化和负强化的办法来影响行为的后果，从而修正其行为。

在管理上，正强化就是奖励那些组织上需要的行为，从而加强这种行为；负强化是指为了使某种行为不断重复，减少或消除施于其身的某种不愉快的刺激。负强化的方法包括撤职、批评、处分、降级等。正强化的方法包括发奖金、对成绩的认可、表扬、改善工作条件和人际关系、提升、安排担任挑战性的工作、给予学习成长的机会等。

当然，我更加主张正强化定律，因为优势发展才是最高效的发展，通过不断的正强化，人的优势会更优，人的长处会更长。

关于正强化，举一个教育上的典型案例：

著名教育家陶行知先生当年在育才学校当校长时，看见一个调皮的男生正用一块砖头砸同学，他立即上前制止，并让这位男生等会儿去他办公室。等陶行知先生来到办公室，见那男生已经在办公室等候了。陶行知先生就掏出一块糖递给男生说：“这块糖是奖给你的，因为你比我按时到了。”还没等男生反应过来，陶行知先生又掏出一块糖递给男生：“这也是奖给你的，因为我让你住手，你听了我的话，这说明你很尊重老师，尊重我。”男生接过糖果，满脸狐疑。接着，陶行知先生又说：“我了解过了，你打同学是因为他欺负女生，你是打抱不平，这说明你有正义感。”说着又奖给男生第三块糖果。这时，男生又激动又惭愧：“校长，我错了，同学再不对，我也不能打他。”陶行知先生露出了笑容，他拿出第四块糖，欣赏地说：“这块糖更应该奖给你，因为你认识了自己的错误。”

人在某种情境下做了某一件事情，如果获得满意的结果或肯定的答复，甚至得到了赞扬，下次遇到相同情境时做这件事的可能性就会提高。在教育以及教育管理上，使用这种正强化，其实就是想办法让人学会肯定自己。从某种意义上讲，不断给予积极、及时的评价或者反馈，将使人朝着好的方向走，要知道，人都是想好的。

在管理、学生行为习惯养成以及课堂教学中，正强化定律，毫无疑问都起着决定性的作用。

在运用正强化定律时，应遵守以下原则：

①一致性原则。指对强化的内容、性质、标准要坚持一致，强化所提供的各种反馈信息要前后一致，避免相互矛

盾，克服不良情绪对正强化的干扰。

②客观性原则。指正强化要客观公正，科学合理，不能主观臆断，以致使强化不符合实际情况。只有客观科学地强化，才能切实反映人的行为，使他们心悦诚服，调动起工作或者学习的积极性。违反此原则就会扭曲正强化的意义。

一是要提高管理者或者教师的评价水平，以达到正强化的准确与恰当。

二是避免主观因素的干扰，特别是成见效应。管理者和教师不能以自已的主观意愿和偏见来评价。

三是以发展的观点来实施正强化。人是会发展的，注重对过程的关切，加强针对性，只要能改错、能进步，就应该及时地正强化。

③及时性原则。指评价和反馈需要及时、具体、明确。及时的正强化利于人的行为与强化之间建立直接联系，避免无关因素的干扰。

④引领性原则。正强化的目的，是树立人的信心。作为管理者或者教师，在正强化过程中的定位是引领、激发、协助、唤醒，而不是为了自己的面子和好处而实施正强化。

我们在十几年来的实践中，无论是学生的全面发展，还是教师队伍的发展，都是严格遵循“正强化定律”，不断实践贯彻到底。

德育处为学生课程成果展示作点评

美术与语文两位老师同上跨学科融合课

心理课上的趣味活动

好教育就是好老师加好的师生关系

二、第二大定律——梯进定律

事物的发展是多样性的，除了“正强化”，还存在一种具有普遍性价值的方式——梯进，也就是：人往高处走，沿着阶梯走。

阶梯的提出，是人类文明进程中一个巨大的进步。华罗庚说：“科学是踏实的学问，连贯性和系统性都很强，前面的东西没有学好，后面的东西就上不去；基础没有打好，搞尖端就比较困难。”

而阶梯是明确并控制事物发展的连贯性、系统性的最好工具，我们国家也在用这个来推动经济社会的发展，比如“五年规划”，每五年一个阶梯，不断往前走。

人的目标应该是分阶梯的，有远期、中期、近期之分，一步一步去实现。一个人如果没有近期目标，他就会不勤快；没有中期目标，就会不精神；没有远期目标，就会没气势。简单地说，梯进是让在不同程度的人各得其所、各有奔头，使知识、能力各不相同的人，沿着各自设置的阶梯独自奋斗、攀登。

有一个例子，是早年我们东城教改的成功案例：

我们东城区原教科所所长程鸿勋老师，提出了“阶梯式学习法”。程老师把上课分为五级：一级是跟着上课。上课时，学生只是跟着听，被动地抄笔记。这是口袋式上课，水平很低。二级是懂记上课。上课时积极思考，在懂的基础上加强记忆。三级是联想上课。展开思路，举一反三。四级是多得上课。尽量扩大课时内的收获，如知识的、美感的等等。五级是专论上课。对某一专题有了独立见解，上课是来与老师做深入研究、讨论的。程老师还把作业也分为三级：一级是独立认真完成作业。二级是高效率作业。作业正确、整洁、时间短。三级是自我审批作业。自我评审，并在作业本上加批注。

程老师还认为，所有的学习环节和教育任务，都可以分为几个目标层次。把学习的目标层次交给学生，让学生自己去攀登。付诸具体实施，主要抓三个环节：第一，抓升级，在学生自己认定所属级别后，教师再个别指导、帮助；第二，抓交流，让学生交流学习方法。第三，抓合作，阶梯式学习法体现着学生为主体、教师为主导，并争取父母积极配合，是提高教学效果的重要手段。

无论是学生的自我教育、自主学习，以及上课水平的提升，道德行为习惯的养成，还是教师队伍的管理，梯进定律，无处不在。梯进定律的应用，总结起来有几个原则：

①主体性原则。理论和实践表明，沿着阶梯进行升级的努力过程，是人主体主动性的激活过程，是人的知识、能力、品德、精神的提升过程，是人的自我超越、自我更新的

过程。正如罗曼·罗兰所说：**“一个人从平凡到伟大，没有不可逾越的鸿沟，而在于他不断地自拔和更新罢了。”**

②具体化原则。阶梯里的每个目标，都是具体的指标，越具体越清晰，越便于评价和自我评价。

③差异化原则。差异化是指不同的人对照某一个阶梯会给自己不同的定位，根据自己的情况又会生成不同的追求目标和采用不同的办法。人是有差异的，发展速度是有差异的，发展方式是有差异的，评价也应该是有差异的。每个人都是有特色的，都具有一定的倾向性，真正的教育是个性发展的教育。

我们提出的“有层次、无淘汰”的教育方针，其实，是对“梯进定律”的一种活用、一种再创造。

著名作家梁晓声为一七一中学"海量阅读"的优秀生颁奖

一七一中学“海量阅读工程”在怀柔分校成功“复制”

三、第三大定律——螺旋式上升定律

德国哲学家黑格尔最早发现了这个定律：事物的发展，经过肯定、否定和新的肯定，即否定之否定的曲折过程，仿佛是向出发点的复归，但实质上是在高级阶段上重复某些低级阶段的特点、特性，是通过曲折的形式而实现的前进运动。

列宁也说："人的认识不是沿着直线进行的，而是无限地近似于一串圆圈、近似于螺旋式的曲线。"

认识事物发展的螺旋式上升规律具有重要的方法论意义。它告诉我们，事物的发展道路不是直线式的而是曲折的，在实践活动中有时为了前进而后退，为了走直路而走弯路，这是合乎事物的辩证过程的。螺旋式上升定律表明，事物发展的总趋势是前进的、上升的，不是周而复始的往返循环。事物的曲折、倒退是暂时的，它的总趋势、总进程是改变不了的。

在中国传统文化中，也客观存在着"螺旋式上升"的认识。曾仕强教授曾经做过专门梳理，我大致转述一下：

中国人认为，人是宇宙的一部分，必须尊重宇宙的规律，所以我们的根本精神是"天人合一"。宇宙和人生，都是从生存到发展再到变化的过程，生老病死是必经的道路，没有人例外，这是一个不变的道理。我们现在过分强调变，所以大家很辛苦。其实变的后面有一个不变的东西，叫作万变不离其宗，这个“宗”很重要。孔子把人生演变的过程，用四个字来概括，就叫元、亨、利、贞，这是《易经》里的东西。

元、亨、利、贞也是循环往复，不断向前发展的。刚开始是小规模的，元、亨、利，到贞，只是一个小圈圈。通过了贞的考验，下次元就会做大，亨利贞也就更大，然后一圈一圈都是元、亨、利、贞，元、亨、利、贞……（如下图所示），不断发展壮大，这就是我们现在讲的螺旋式上升定律。

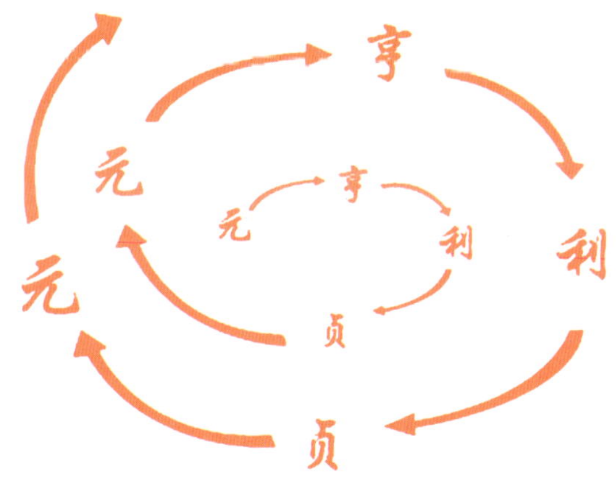

元、亨、利、贞的解释，可以从不同的角度加以理解。孔子认为，元、亨、利、贞是四种美德，元就是慎始，我们做任何事情都要慎始，亨是追求正当的利益、公心，利是把获得的正当利益和价值审慎储藏起来，贞即是该用的时候用，以备下次起元，下一次才能有更好的发展。

在学校管理尤其是学校集团化发展过程中，须严格遵循“螺旋式上升定律”。其原则是：

①慎始善终原则。确定要做一件事情，开始的时候要慎重，一旦确定了要做，就需要按照规律做到底，把整个流程做完、做好。一个人如此，一个班级如此，一所学校如此，慎始善终，事有归着，值得托付。

②稳中有进原则。稳是基本面，是传承；进是突破，是创新。171 中学体量较大，须稳中求进，边发展边完善，先发展后完善，不断螺旋式上升，以不断步入新的境界。

③持续改善原则。可以犯错误，但不能犯同样的错误；可以犯错，但需要随时回到原点或者初心进行校正，以服务于最终目的为唯一不变的目标。一以贯之，持续改善，凡事彻底。

④动力和方向兼具原则。螺旋式上升定律的实践意义在于：既要有方向，又要有动力。这两者同时具备，事物就可以不断发展。比如集团化办学，严格遵循“螺旋式上升定律”，就可以直接避免同质化、品牌稀释化、机械僵化等问题。

为了强化观点，特作如下小结：

办学治校的三大定律，这也是教育综合改革的定律，更是人的发展和进步的定律，其要素包括目标、升级、评价、进步、可持续发展路径等。

一是正强化定律。教育是做人的工作的，要认识到人格的核心是自信心，抓住这个核心，进而促进人的优势发展、长处发展、全面发展。

二是梯进定律。人往高处走，沿着阶梯走。有了阶梯，人就可以自我定位、自找办法、自我评价，而事业发展也是如此，阶梯是最好的进步工具，抓定位，抓合作，抓升级，万变不离其宗。

三是螺旋式上升定律。事物发展的总趋势是前进的、上升的，不是周而复始的简单往返循环。事物的曲折、倒退是暂时的，它的总趋势、总进程是改变不了的。只要解决两个问题——方向和动力，人的发展、事业的发展，就可以持续改善、不断进步、基业长青。

骨干教师示范课

做新课改的先行者

新技术创造新课型

我们追求教师主导、学生主体的高效课堂

第八章

发挥体系的力量

——十年打磨课程教学体系

我们原本不应轻言体系，然而，当时机成熟，不谈体系，就很难讲清楚教育内涵发展的内在逻辑了。事实上，171中学发展到今天，不能不认识到一个问题，那就是：一般性的、零打碎敲的改革，不足以成为破解教育综合改革中难题的出路。

再有，我的认识是，体系可能不是勾画出来的，也不是人为预设出来的，而应当是因实际需求顺理成章地生成的。关于体系，明代哲学家王阳明打过一个比方，**他说，比如种树，开始栽种时，只管耕耘栽培，不去想树枝、叶子、开花、结果的事，只管好树的根部，养树养根，根养好了，枝叶花果会长出来，体系自成。所以建立体系的方法，回到根部，回到本源，然后"盈科而进"，警惕空想。**

现在看，171中学比较有效的教育实践体系，已经基本生成。这时候，再来总结其生成的路径，提炼其内理支撑，完善其不足的部分，具有重要的现实和历史价值。这就好比一棵树，长到了5米高，很有必要进行适当的修剪、整理，进一步培土、疏松土壤，让其生长得更壮、更高、更好。

体系的背后，其实是深刻而有效的思维，主要是战略性思维、系统性思维、实践性思维，对体系起着支撑性作用。

（1）战略性思维

战略是什么？书上有很多解释，在我看来，所谓"战略性思维"，首先是一种俯瞰能力。就像一只老鹰在万米高空一下就能发现草丛里的野兔，并且直接、精准地俯冲下去抓住不放。其次，战略性思维应当是一种超前的远见。做教育，关键是需要**“站在三十年后看现在”**，一般而言，我们很难判断现在我们做的事情是否必要、是否充分，只有站在学生的30年后看，现在我应当做什么，不应当做什么，你才能看明白。最后，战略性思维是一种务实的精神。**战略，“不是将来要做什么，而是今天做什么才有将来”**。

（2）系统性思维

系统性思维的特点是，确信客观存在一个哲学——**整体大于各部分之和**。比如，石墨与金刚石的成分一致，硬度却千差万别，是因为分子结构不同，各种成分的内在关系不同，那么其硬度和作用就不同。同样都是一所学校，由于其各有机部分的结构方式不同，在不同的校长手里，其实现的效果往往相差甚远。在系统性思维的作用下，必然会形成模式。所谓模式，就是反映事物本质的一个复杂而精巧的控制机制，是发现的规律，具有一般性、重复性、结构性、稳定性、可操作性等特征。而任何一种成功模式的背后都应当有一些技术的创新与重大突破，从而生成一个具有更高价值的机制，比如管理机制等。

（3）实践性思维

理论有两种：一类是作为学术领域的理论，对教育的本质、教育的功能等前提性、假设性的内容进行研究；另外一类是为了实现前一种理论的理论，需要将理论研究和知识生产转化为实践的方法和效果。我们教育一线的理论，毫无疑问是后者，是实践性的，简单概括起来，就是“先发展，后完善；边发展，边完善”，在实践中不断验证、确认，在大量鲜活的教育实践中，获得一种更高境界的理性认识，属于“感性—理性—感性中的理性”这个三段论中的“感性中的理性”。

具体对我们 171 中学而言，“体系”这两个字的重要性就在于，如何绘制和打磨“把一件事情做到底”的“施工图”，使之能够谋全局利长远。

科学的“施工图”的确是教育的最后一米，是直接用来实践的，但一定要清楚地看到，如果没有认识上的深化，没有合理的顶层设计，也就是共同的价值遵循——**把一件事情做到底**，是不可能生成并且自成体系的。

当前，单一的改革已经不足以缓解学校进入改革深水区之后的发展要求，最终需要依靠体系的力量。“北京一七一中学教育集团教育内涵发展整体解决方案”就是在这一形势下研究生成的。主要包括以下三大体系：以课程、课堂、课案三位一体构建的教学实践体系；以合作共赢为价值驱动、以科研为抓手的教师发展体系；以海量阅读为特色的学校文化育人体系。这三大体系，**是我们在纷繁复杂的无数实践中捞出来的“干货”**。至于其他体系，比如价值引领体系、以养成教育为抓手的德育实践体系、学生培养目标体系等，因在其他篇幅已经涉及，就不在这里重复赘述了。

一、十年打磨课程体系

课程是学校施教的载体，学校要发展内涵，必须对课程作深入探究并付诸具体实施。因此，课程在学校改革与发展中所占的地位是举足轻重的。

课程也应该是学校的核心产品。我们认为，学校只有具备丰富、多元、立体、生态的课程，形成“丛林课程”，进而产生“课程的生态效应”，学生才能从中汲取营养，得以生发、升华和拓展。

遵循“把一件事情做到底”的价值理念，我们用 12 年的时间打磨出了一套具有 171 中学知识产权的大课程体系，这是我们的核心竞争力，也是独具优势的软实力。

我们的课程建构的基本逻辑是：

①课程的目标：**经营好每一个学生。**培养具有健全的人格、优雅的行为、坚实的基础、出色的智慧等素养的新人。

②课程的定位：**有层次、无淘汰。**通过满足学生多样性、差异性、选择性需求，达成关注每个人、覆盖每个人、发展每个人的愿景。既着眼于全体学生的长远可持续发展，确保“无淘汰”，又培养有潜质学生的兴趣和特长，实现“有层次”。

③课程的内容：**国家课程校本化，校本课程特色化，特色课程精品化。**将国家课程、地方课程、校本课程进一步整合，形成较为成熟的“基础素养必修课程、兴趣拓展选修课程、素养提升荣誉课程”三大类别、系统综合且面向全体、面向分类、面向分层的“丛林课程体系”。

④课程的实施：**精细，严格，科学，高效。**课程实施需要有一套完整的执行程序，为此设置了一套健全的课程实施管理策略，构建了课程精细化管理体系。

⑤课程的评价。**评价和自我评价结合对照，学生和教师评价双向互动。**课程的实施结果，需要通过评价来完成。对学生的评价主要参照“学分认定办法”“选修课评价办法”两个细则。对教师及课程的评价，学校则通过学生选择课程的人数、学生实际接受的效果、教学处与教师听课反馈、学生问卷调查反馈的结果等进行评价。

1. 课程的生态观

人的发展，一定要在某一种生态中。否则，人就会被控制、压抑，失去主动发展的可能。

课程作为一种育人机制，应该是生成的、生动的、生态的。荀子讲：“蓬生麻中，不扶而直。”古人种麻，因为麻有麻秆，麻是直的，而蓬则是没有支柱的，所谓“乱蓬”，只要把麻种好了，蓬在其中，不扶而直，不教而教，无为而为。

课程受三个因素的制约：社会、知识和人。其中，人是学习的主体，是诸多因素中最核心、最活跃的能动的因素，是教育目的之所在。人还是最大的自然，我们的教育，如何尽可能保持自然生态，使得学生借助于生命自然的强大内蕴，来获得长足的发展，是当下重要的教育课题。

因此，我提出使用“丛林课程”这个概念来定义我们的课程体系，其真正的含义——**就像人进入一片森林，森林是一种环境，如果这个环境好，人就可以得到最好的润泽，因为人在丛林中，可以享受生命的愉悦，并实现创造，如果这个环境不好，人在其中，呼吸是困难的，甚至是痛苦的。**

而我们提供的这个“丛林”，是人文的丛林，是绿色的丛林，是生态的丛林，是生动且灵动的有机林。

课程建设，首要任务是一定要立足于学校的传统和文化、办学理念、教师以及学生的发展，尤忌脱离实际、天马行空。我们紧紧围绕培养学生“健全的人格、优雅的行为、坚实的基础、出色的智慧”，坚守“有层次、无淘汰”这个教育方针，以“经营好每一个学生”为目标，将课程建设的灵魂聚焦于“涵养润泽，个性多姿”，以此打造课程的“丛林效应”。

“丛林课程”通过满足学生多样性、差异性、选择性需求，达成关注每个人、覆盖每个人、发展每个人的愿景。既着眼于全体学生的长远可持续发展，确保“无淘汰”，又培养有潜质学生的兴趣和特长，实现“有层次”。

实践证明，“丛林课程”的建构和完善，让171中学的学生普遍具有丰厚底蕴，又各选所爱、各研所长、各成其才、个性发展，得以实现培养“优秀基础加特长”学生的目标。同时，通过“丛林课程”建设，也充分发挥了教师的专业特长和兴趣，为教师的专业成长、职业发展打开了新的空间、创设了新的平台。

2. 课程建设实现了效益最大化

课程建设是一个庞大的系统工程，如何通过顶层设计，让其实现效益最大化？我们在反复酝酿和实践的基础上，课程建设最终重点聚焦以下五个原则：

第一个原则是系统最优化原则。也就是说，学校课程的开发，要注意国家课程、地方课程和校本课程构成的基础教育课程系统的优化，注重增强学科的全面性，以学生发展需要为前提进行开发。它强调学科的交叉渗透，强调科学精神和人文精神的有机结合，强调动手实践能力和创新精神的形成，强调与社会发展、学生生活的结合，强调与学生经验和兴趣的结合，努力体现学校优良的办学传统和培养优秀人才的特征。

第二个原则是主体性原则。对课程的开发，学校本着两个方面的内容：一方面充分发挥学生学习的主体作用，强调学生形成积极主动的学习态度、学会学习和树立正确的价值观；强调学生的主动参与和探究发现以及学生的信息收集处理能力、获取知识的能力、与人合作能力的形成和发展；强调有学生共同参与并制定的评价方式。另一方面，学校紧紧依靠广大教师，充分调动教师课程建设的积极性、主体性和创造性，为教师专业发展创造良好条件。

第三个原则是个性发展原则。正如世界上没有完全相同的两个人，每个人的需求也是千差万别的。在课程开发过程中，学校特别注重开发那些能够培养民族自信心和自豪感、培养社会责任心、培养国际交流意识和能力、培养科学精神和人文素养、培养自主自立习惯、培养创新精神的课程，使学生和教师在寻求发展中，都能够选择到适合自己个性特点的内容。同时，学校注重教师发挥自身优势和特长，鼓励教师教有所长、教有特色。

第四个原则是服务性原则。开发课程的目的，终极目标是服务学生的成长。因此，学校致力于为学生发展创造优良环境，以学生发展为本，使学生生理心理发展健康、学习兴趣浓厚、学习能力不断增强、特长不断发展、实践能力和创新意识不断提高、人格品质不断完善。与此相对应，学校还注重服务于教师的专业发展，促使其更新教育观念、变革教育教学方法、改善教育教学手段、提升教育教学能力和水平。

第五个原则是动态开放原则。课程开发是一个从无到有、由少及多、去粗取精、不断丰富完善、逐步发展的过程。仅从这点来说，它一定不是静态。更重要的是，有“营养”的课程，一定会面向丰富的社会生活，充分吸收社会、家庭的教育资源，随时了解社会、关注社会的发展和变革。再者，有“营养”的课程还要不断接受全体学生对课程内容、课程质量的检验和认可，不断根据学生的需求调整课程计划、内容和形式。此外，课程内容还需要根据学科变化和发展不断丰富和完善。

3.“丛林课程”的构建过程

简单说，主要是解决三大问题：国家课程校本化，校本课程特色化，特色课程精品化。这是一个不断梯进、不断螺旋式上升、不断超越自己的过程。从来没有最好，只有更好，不断生成、不断打磨、不断进化。

（1）国家课程校本化

国家课程所赋予的基础知识底蕴是基础教育的基本保证，是一个人生存、发展和幸福的基石。但学情、教情及学校文化不同，国家课程需要因地制宜地整合，以发挥最大效能，切实为学生终身发展提供丰盛营养。

其中一个重要抓手，就是课案。经过多年实践，我们的课案已成为学生最佳学习方案。目前，全校每月编制课案大约 900 套，每学年近万套，近 5 年累计超过 4 万套。

在此基础上，遵循**“螺旋式上升定律”**，学校的课案及课案教学对课标和教材作了重整再生，实现了国家课程内容的校本化。课案包括目标内容和教学互动内容两大部分。从内容上看，它包含了课标、教材、教师教学经验、学生学习可能存在的问题等；从形式上看，课案又分为预习案、训练案、检测案三种。在每个年级、每个学科、每个模块、每个章节都编制了相应的课案，各学科已实现课案编写的制度化、规范化、系统化、科学化，形成了各学科、各年级的课案体系。学校将其中精品整理成册，形成真正的“校本化”教材，实现了国家课程内容的校本化。

（2）校本课程特色化

充分利用自身办学优势、特有资源，我们开设了一系列特色课程。最经典的有海量阅读课程、人文课程、生命教育课程、社团课程、实践课程和衔接课程。

以“海量阅读课程”为例。我们坚信：科学知识的积累决定学生前进的速度，而人文底蕴和科学精神的涵养则决定了前行的方向与终点。而且，基础教育不仅要教授学生实用之“术”，更要涵养学生的情怀、审美和气质。为此，我们自 2010 年起启动了以“阅读改变心灵”为主题的海量阅读工程，而且注重从细节入手，不断优化和提升这一工程。从最初的“让阅读点亮智慧人生”到“理性阅读”、“阅读的力量”以及“让阅读成为信仰”等，每一学年确定一个主题，使学校的海量阅读工程不断深化。围绕这个工程，学校设计了主体参与式的晨跑赠美文、“海量阅读”九阶晋级制（详见第九章）、交换图书活动、“共读一本书”读书交流；专家引领式的校园电视台每周书店、儒学讲堂、专家进校园讲座；成果激励式的海量阅读大讲堂、小讲师风采大赛、年级特色海量阅读展示活动、海量阅读小状元表彰会等。

（3）特色课程精品化

课程要为不同基础、特长、潜质的学生提供不同营养，特别是要为有特长的学生提供展示的平台。在十几年实践过程中，一批课程从无到有，在“坚持”中成长，日臻完善，而后成系列、成精品。

介绍其中一组案例：

①培养未来企业家的摇篮——JA经济学模拟企业决策课程。这一课程由学校、企业和高校联合开设，讲授市场经济与价格决策、企业与企业家责任、市场营销与营销理论、模拟企业角色，参加比赛及学习相关知识。该课程曾获北京市中学生商业挑战赛一等奖，全国第一名，并获全球赛区大奖；在全国“JA未来企业家峰会”上，171中学学生获三个“第一名”，一个“第二名”。该精品课程为很多优秀学生走进国际名校提供了课程基础。

②弘扬国粹、皮黄京韵——京剧课程。从北京市京剧进校园现场会在学校启动以来，学校已经连续举办五届京剧校本课程汇报演出。“梨园新苑”京剧专业活动教室、国家京剧院老艺术家为精品课程提供了强力支撑。唱段、念白以及舞台实践，在唱念做打中，学生体会着京剧艺术的博大精深，也收获了掌声和成功的喜悦。

③与大师同行走向前沿——翱翔人文课程。2010 年北京市青少年翱翔人文科学院落户 171 中学。以此为依托，学校引进整合大学、研究机构和本校人文学科名师团队，提供与大师同行的条件，使学生置身校园就能领略人文科学前沿风光。这一课程已成为全北京市各学校优秀学生竞相选择的精品课程。

④培养科技创新的摇篮——智能机器人课程。把信息技术与机器人制作课程整合，把编程课与工程课整合，学生不仅学到了知识，更重要的是能把知识转化成技能和产品，并展开对决，这是该精品课程的秘籍。它不仅吸引了计算机编程“天才”，而且为优秀拔尖人才提供了课程支撑。每年学校学生在国家级、市级比赛中获奖超过百人次。171 中学成为北京市、东城区机器人中小学实践基地。

⑤开阔国际视野——模拟联合国课程。该课程旨在通过角色扮演、国际话题辩论，培养和锻炼学生的组织、沟通能力。在与不同国家、城市和兄弟院校的学生对话中，提升“山外青山楼外楼”的眼界，开阔视野。171 中学学生曾获得全国性的“最佳代表奖”、“最具风采奖”、“最具外交风采奖”以及国际级的“Best keynote speech 奖”、“杰出代表奖”，展现了才华，体验了成功，这门精品课程也因此成为特别吸引学生的热门亮点。

⑥播种科学精神——科技课程。该课程旨在创设生活情境，培养学生科学思维能力。171 中学的科技课程分三个水平层级：大众科普水平、创客培育水平和拔尖创新水平。

大众科普水平：借鉴大学通识课模式，171 中学教师与外聘专家共同开设了“地球与空间科学”“生命科学”“地球上的物质”“化学开放性实验探究”“科技馆物理项目探究”“身边的物理现象探析”“科学前沿介绍”等十余门校本课程，旨在引导学生学会独立思考，利用所学知识分析、解决生活问题；学会合作学习，培养团队精神，为学生终身发展奠基。而这种新的培养模式，与当下中高考“把学生能力考出来、把学习积累考出来、把社会大课堂考出来”的方向是完全一致的。创客培育水平：开辟专门的创客空间，定制“智能机器人”“单片机智能控制”“3D 打印技术”“自动化机械手控制”等专业化科技课程，为喜爱创新的学生提供定制化课程，促进他们学有所长、学有所创。拔尖创新水平：171 中学是“北京青少年科技创新人才培养基地校”“金鹏科技基地校”，培养创新拔尖人才是学校的追求和责任。经过多年建设，学校已形成科学合理的课程体系。该课程体系引领学生在中学阶段走进实验室、走进社会，接受专家学者的指导，让学生通过特有的科研氛围熏陶，形成持久的科研兴趣，并亲历一个完整的科学体验过程。该课程实施以来，学校已培养学员近百位，其课题论文获国家、市、区级科技创新大赛、金鹏科技论坛等各种奖项，受到北大、清华、复旦、人大等名校自主招生的青睐。已经考入清华大学的姜文朵，在171 中学学习生活了六年，曾是两个学科的区状元。作为毕业生代表发言时，她动情地说：“考入清华，竟然没有产生太多陌生感。学校丰富的课程仿佛是通往人生发展大厦的必经之路。‘思辨课’让我有了更多精神同伴，‘数学竞赛’让我变得聪明，‘经济学导论’为我今天的大学专业学习奠定了基础，‘厨艺课’让我实现了给妈妈做一顿饭的心愿……我庆幸自己是171的一员。”

⑦将知识生活化——建设初中综合实践课程。随着北京市教育深综改的发展，中考中招加入了综合实践课程。为促进学校坚持立德树人的正确导向，强化实践育人功能，着力培养学生的社会责任感、创新精神和实践能力，促进学生全面而有个性的发展，171中学着力建设综合实践课程，开发了初中开放性科学实践活动“水果电池的制作”、“植物的向性运动”两门课程供全校初中学生选择。初中综合社会实践活动课程，开发出“寻根——家族历史”“弘扬社会主义核心价值观——初中历史故事大赛”“中国的百年耻辱与复兴历史写作大赛”“北京著名胡同一日游”“走进故宫”“走进红楼纪念馆”“走进中华民族博物院”“‘世界那么大，我想去看看’的演讲活动”“‘网络的利与弊’辩论赛”“国旗的故事”“‘今日我说法’演讲活动”“‘家乡的风土人情’考察报告”“我为‘环保’建言”“污水处理厂一日”等课程。如今，我们已经积累了非常丰富的课程资源，成熟课程达到100多门。教师们在总结梳理已有课程资源的基础上，进一步形成系列校本教材，促进课程由多样走向精品。

4.“丛林课程”的分类及生态化指标

经过十余年探索实践，我们成功构建了学校的“丛林课程”，并各自发展成为一个小生态体系。其类别如下：

（1）基础素养必修课程

基础素养必修课程的重要意义在于——它引领课程建设的方向。主要包括国家课程、地方课程和校本必修课程。这些课程彰显学校办学思想，以培养学生终身发展能力为核心，着眼于学生未来的生活、学习、工作能力的构建，面向全体，全面奠基，实现“无淘汰”。我们学校的必修课程严格按照课程标准，突出北京市中高考对试题的明确要求：“贴近社会实际、贴近课程教学改革实际和学生生活实际，继续保持和增强北京试卷注重基础、综合、灵活的特色，增强试题的选择性和开放性，给学生创设更大的思考空间和展示个性才华的平台，着重考查学生独立思考和运用所学知识分析问题、解决问题的能力。”因此，各学科必修课程体现出重基础、重能力、重广度、重整合、重思考、重生活的特点，在语、数、外、理、化、生、史、地、政 9 大学科中实行初中一、二年级不分层，高中阶段分为 A、B、C 三个层级，为学生基础知识、基本能力的获得提供保证，为学生终身学习和发展奠定坚实基础。通过对基础素养必修课程的实施，学校最终要实现三个层次的目标：一是通过课内和课外阅读拓展学生的视野和胸怀，提高思维的力度和深度；二是注重学科高度的把控及各学科的贯通，使学生有效把握知识高度；三是在具体的学科学习中，注重方法的掌握，设定步骤，关注细节，既能见到树木，也能看到森林。此外，学校还强调“分解步骤，注重细节，提升学科高度，加大思维力度”，提倡学生扎实上好每一门课，重视积累的力量，不断实现从“量”到“质”的转化。

（2）兴趣拓展选修课程

兴趣拓展选修课程的重点是满足多样性和选择性，为培养学生的文化素养、科学素养和艺体素养创造条件，彰显学校办学品质和育人特色。在 171 中学，兴趣拓展选修课程包含艺术体育课程、生涯规划课程、海量阅读课程、地方课程，以及理、化、生、史、地、政、劳技、计算机各学科选修课程。通过“国家课程”与“校本自选模块”的有机整合，着重优化现有课程，实现跨学科和跨文化的融合，面向部分有潜力的学生培养其兴趣和特长，实现“有层次”。以深受学生喜欢的生涯规划课程为例，学校根据学生学习兴趣特长、学科学业基础、专业发展方向、大学招生要求，开发以“人生生涯规划”“职业生涯体验”“高中三年学业规划”为主要内容的系统的职业生涯课程。其中“人生生涯规划”包括感知生涯、探索自我、描绘蓝图、生涯决策、初始创业教育、修炼品质修养六个环节；“职业生涯体验”包括掌握高校类型、了解专业选择、明了升学途径、提升职业素养、实践职业体验、优秀校友进校传经六个环节。

（3）素养提升荣誉课程

素养提升荣誉课程是171中学的一大特色，旨在培养创新拔尖人才。包含语、数、外、理、化、生、计算机学科竞赛，翱翔计划课程，机器人课程，创客空间课程，STEAM课程，ELSS课程，财商课程，英语戏剧课程，初高衔接课程（初中），人文素养课程，大学先修课程（高中），学术研究课程（高中），等等，满足精英拔尖人才培养的需要。在171中学，学校为学生提供了自主招生提高性课程、清华大学慕课、名师大讲堂等课程。请高校专家学者进校园为学生们讲文学、讲科学、讲传统文化、讲国际关系和国际热点、讲国内外经济动态、讲科学研究方法等等。同时，我们还组织学生走进高校实验室，参加翱翔计划的人文游学，参观博物馆、美术馆，甚至带领学生看先锋话剧，了解各种艺术形式和创新表达，打破思想桎梏。这些课程的提供不是单纯注重知识层面的内容，而是强调学科结构和学科之间的联系，提升学生的学习能力。另一方面，学校注重让学生从拓展课程中发掘兴趣、激发兴趣、发展兴趣、释放个性，从而发现学生潜在的才能，并发展其专业能力，为未来可持续发展及专业选择打下基础。

综观我们171中学的“丛林课程”建设，初步呈现以下生态化指标：

一是变“部分”学生发展的教育为“全体”学生发展的教育。

171 中学课程体系的构建，目标是为全体学生终身可持续发展奠定全面必要的基础，让每一个孩子都汲取全面的、足够的营养，实现“无淘汰”。“基础性课程”为该价值追求的实现提供了重要支撑，为学生全面发展、终身发展奠定了必要的知识、技能和情感基础。“基础性课程”主要包括国家课程、地方课程和校本必修课程，而我校的校本必修课程建设紧扣“有层次、无淘汰”教育办学理念，特色明显，切实为学生终身发展提供丰盛营养。

如“海量阅读课程”培养学生终身学习能力，为学生未来发展奠基。每周语文 1 学时组织阅读，语文教师指导学生阅读经典，鉴赏各类优秀作品；每周二 50 分钟全校全员静读，正常课时内满足所有学生 90 分钟的阅读时间，至少每位学生每周 40000 字的阅读积累。学校设计系列活动鼓励和指导阅读：实施“海量阅读”九阶晋级制，以阅读量为标准实现晋级，最高可达到一品大学士，激励阅读效果明显；开展“晨跑换美文”“美文换巧克力”等活动，对参与晨跑健身活动的学生奖励美文，学生可用积攒一个学期的美文换取巧克力，享受阅读的甜蜜；“校园电视台每周书店”每周推荐好书；开设“海量阅读大讲堂”，学生自己开设阅读讲坛，每学年 20 余次大讲堂活动，小专家小讲师层出不穷。“海量阅读课程”使 171 中学生浸润于书香中，汲取营养，涵养精神，全面提升综合学习能力。“海量阅读课程”让素质教育真正落地。

二是变学生适应课程的教育为课程适应学生的教育。

课程要为每一个学生兴趣的养成、特长的发挥、潜能的挖掘提供平台，使人人都能主动汲取自己最需要的营养。因此要设计多元、多样的课程，提供更多更全的课程，变学生被动适应课程为自主选择课程，使课程适应学生的需要变为可能，变成现实。

学校的“选择性课程”为实现这一价值追求提供了重要支撑。通过“国家课程”与“校本自选模块”的有机整合，课程内容日益丰富，提升了课程的选择性。

比如艺术领域推出系列模块课程，实施选课和走班管理，满足学生个性发展。为提升学生艺术修养、优化艺术课程效果，学校聘请专业教师，建立京剧、书法、绘画、民乐、舞蹈等近20间艺术教育工作室，实现专人、专室、专业、专课管理。同时开设19个模块供学生选择，辐射2000多名学生。通过自主选择，171学生初高中6年至少能学习掌握4门艺术特长。

三是变同质发展的教育为差异发展的教育。

课程要为不同基础、特长、潜质的学生提供不同的营养，特别是要为有特长的学生提供特殊的营养。因此学校要设计人文、科技含量更高的课程，为偏才、怪才、突出特长学生而设计，做到教育的“有层次”。

“校本自选课程”为实现该价值追求提供支撑。比如“智能机器人课程”引领课程创新，满足计算机编程天才发展需求。我校作为北京市“智能机器人课程”试点基地，与国家课程接轨，为一部分计算机编程天才提供了成长平台，该课程也成为优秀拔尖人才深爱的特色精品课程。一部分拔尖创新人才从该课程中脱颖而出，近三年获得国际级奖项 17 人次，国家级奖项 90 余人次。市级一等奖就有 80 余人次，区级一等奖 100 余人次，各级各类奖项共超过千余人次，学校成为北京市、东城区机器人中小学实践基地。“校本自选特长课程”为学生兴趣和特长发展提供了特别的营养，使学生特殊的才能得以发现和开掘，从而使学生由同质发展转变为差异发展。

学校还有很多精品课程，如 JA 经济学模拟企业决策课程、模拟联合国课程、京剧课程、茶艺课程、击剑课程、心理健康课程等等，精彩纷呈。这些课程以“三大价值取向”为指导，着眼于素质教育目标，关注每个人、覆盖每个人、发展每个人，特色课程体系的构建为“有层次、无淘汰”教育提供了重要基石。

5.“丛林课程”实施是关键

课程的实施，更需要“把一件事情做到底”这个总理念的价值引领，通过有效的、精细化的管理机制，抓实抓好每一个环节，使之切实做到位、做到底。为此，我们研究设置了一套高效的课程实施管理策略。

（1）组织的准备——成立领导小组，构建管理体系

这个管理体系中由我担任组长，职责是课程开发过程中的决策。副组长由主管教学的副校长担任，职责是组织、协调制定《课程开发实施方案》，检查与监督《课程开发实施方案》的执行情况。

管理体系成员来自教学处、教科研中心，其职责是计划、执行、检查、协调、评估全校各门课程及各教研组的课程教学工作，落实各项课程管理措施，部署执行《课程开发实施方案》。

教研组长和年级组长也是该管理体系的重要角色。其中前者的职责侧重于根据学校整体安排，制定好本组的课程开发计划、教学研究活动计划；对教师进行指导，确保完成学校课程管理的各项要求，及时反映课程实施过程中出现的问题及教师的教学需求；研究分析学生的实际情况，为课程管理提供依据；联系教师之间的合作，全力促进课程的形成。后者的职责主要在于负责课程实施过程中学生的组织和管理。

（2）成立课程部，规范研发程序

为保证课程顺利实施，学校教学处专门组建成立课程部，强化课程开发和管理力度，具体职责是组织教研组和教师实施课程开发和校本教研，对教师教学进行全程监控和管理，并协调各年级组实行走班教学，还定期进行课程调研和评价，学段结束时按程序对学生作出学分认定，从而强化了课程开发和管理的专业性和实效性，使管理更为直接、有序。

如今，学校的课程建设已经形成一套规范流程：

教师申报→课程部审核→课程实施→评价反馈。

具体来说，首先由教师填写校本选修课申报表，提交课程部。然后课程部组织相关干部、教研组长等组成审核小组，审核课程纲要等教学素材，审核通过方可实施。在具体执行中，教师负责课程实施和本课程学生管理，全年级进行走班选课教学。授课期间，教师负责评价学生的学习情况，课程部调研课程实施情况，反馈给授课教师和学科领导小组，便于课程的调整和完善。

（3）严格课程管理，确保课程实施

课程的实施，不能缺少严格的管理。171 中学在课程管理、教师管理和学生管理三个方面下足了功夫。学校参照国家课时标准，同时结合本校自身情况，在可操作范围内对课程作出科学安排。

教师管理方面，我们要求教师负责课程开发、课程实施、学生评价、学分认定，并接受课程部的调研和评价。每位教师要具备开发一到两门选修课的能力，能够供学生选择，纳入学校选修课程目录对学生公示。学校甚至鼓励不同学科教师形成备课组，集体开发一类课程（如模联课程等）。参与选课的学生，学校有明确的“走班”管理规定，严格考勤，并将考勤纳入学生评价的一个方面。同时，教学处实行“巡视督导”制度，确保每一节选修课秩序井然。

（4）梳理课程体系，形成选课手册

171 中学的“丛林课程”分为必选校本“丛林课程”和自选校本“丛林课程”。必选校本“丛林课程”就是学生必须修习的课程。包括：海量阅读课程、国学常识课程（如儒家讲堂）、心理健康课程、学科分层指导课程等。自选校本“丛林课程”就是学生可选择的课程。学校将自选校本“丛林课程”梳理成六大类：①学科拓展类：包含文学、外语、演讲、史学民俗、地理、时政、数理化生的思维训练、生活实践、学科发展史、实验与制作等。②学科竞赛类：为天文地理、数学、物理、化学、生物、信息技术等学科参加竞赛进行辅导。③生活技能类：包含摄影摄像、生活小百科与技巧、厨艺、手工编织、茶道、汽车拆装等。④身心素质类：包含田径运动、球类运动、棋类运动、形体健美、跆拳道、心理健康教育等。⑤艺术修养类：包含乐器演奏、合唱艺术、舞蹈艺术、书法、影视欣赏、实用美术等。⑥现代技术类：包含网页设计、电脑软件制作、动画制作、网络基础知识、摄影摄像等。

学校将初中三年和高中三年的课程纲要收录成册，编制成《选课手册》，供学生网上选课。

（5）开展课程调研，探索课程评价新策略

课程的实施结果，需要通过评价来完成。171 中学对学生的评价主要参照“学分认定办法”“选修课评价办法”两个细则。评价形式包括论文、个人展示等。提出量化具体标准，其中 30% 必须为考勤分，学习态度、课上协作表现、

成果评定、突出表现加分等，由教师自主确定。

学校高中年级实行学分制，对于校本课程合格的学生，老师记入学分。成绩优秀者可将其成果记入学生学籍档案。对教师及课程的评价，学校则通过学生选择课程的人数、学生实际接受的效果、教学处与教师听课反馈、学生问卷调查反馈的结果等进行评价。通过评价，学校教学处及时了解校本选修课情况，并对下一个学期选修课作出调整和改进。

最具特色的是，遵循我们学校的三大方法论之一——“正强化法则”，我们专门设立了“校本丛林课程开发奖”和“校本丛林课程实施奖”，在每一学年度对开设和实施精品校本“丛林课程”的教师予以大力表彰奖励，并对校本“丛林课程”教材、教学案例等进行展示。

6. 课程开发和实施的保障系统

兵马未动，粮草先行。课程建设是学校大事、要事之一，离不开各种资源提供强大保障，否则寸步难行。171 中学拥有优秀的师资队伍、扎实有效的教研氛围、良好的硬件设施以及大量的课程资源积累，为“丛林课程”建设顺利实施起到了保驾护航的作用。

高素质人才队伍的汇集，为实效教研提供了良好的研究氛围。学校经常承担大型市区各个学科的教学研讨活动，开展各级各类评优课、公开课和研究课及教师培训，积极地

“走出去，请进来”，这些系列活动显著促进了教师素养的提升，也促进了教师教育教学方法的变革，为课程建设提供了翅膀。

硬件设施上，上级部门的大力支持，为课程实施提供了充分的空间和物质资源。目前，171 中学拥有 10 余个特色实验室，20 余个理化生基础实验室，16 个专用教室。创新实验室每天能满足 60 多人次的自主创新实验。此外，包括机器人活动教室、创客教室、人工智能实验室、科技创新工作室、人偶动画创作室、金工木工室、数理实验室、微生物室、生化测量室等在内的实验室，形成了学校科技教育基地，较好地满足了学生学有专长、学有特色的需求。学校的篮球馆、羽毛球馆、乒乓球馆、游泳池、室内操场、合唱厅、舞蹈厅等设施，成为深受学生、教师及家长喜爱的学校体育艺术教育中心。

小结：

当下，抢生源的时代已经基本过去，强调的是一所学校的“加工能力”。而加工能力，171 中学集中体现在“课程”上，遵循“有层次、无淘汰”教育方针，逐渐形成了学校以国家课程为“主食和主菜”、校本课程为“配菜和甜点”、其他大量的教育活动为辅助的原创课程体系。

魅力教师成就优质课程

模块课程我喜欢

观察中学习

一七一中学开设“导心、导学、导向”的校本课程

二、十年打磨课堂体系

众所周知，课堂是学校教育的主阵地，我们的学生80%的学习时间，都是在课堂上度过的，而教师最好的智慧、最好的才华，都会集中在课堂上呈现。

可以说，课堂，是一所学校最大的无形资产，如何盘活这个资产，成为学校教育改革的重点。

尤其对我们171中学这样的完中而言，进行课堂的改革，之前确实是有所顾虑的。因为，近30年中国教育改革实践进程中，小学阶段和初中阶段，尤其初中阶段进行课堂教学改革，效果比较明显，然而对于高中部分，受高考的影响，很难转变观念，改革也很难彻底，存在较大风险。

我们坚信“课改从改课开始”的道理，课堂不改革，就盘活不了这笔无形资产，甚至再往下走、往深处走会困难重重，这不仅要有改革的勇气，更需要有对教育规律的深刻把握。

1. 课堂改革最核心的价值——学生主动学习发展

无论哪种课改的模式，无论“教少学多”，还是“小组合作”“丛林课程，大做功夫”“自主，合作，探究”，深入思考后，我们会发现，所有成功的课改最核心的价值就一个——**学生主动学习发展。**万变不离其宗！

（1）人的生存和发展具有主动性

学生学习的主动性主要是体现在学生积极、主动地进行学习，主动地发现问题和解决问题，不断提高探索和创新的能力。

主动性可以说是人的本质属性，尤其是青少年学生，其内在生命中有着强烈的主动精神和探索欲望。

（2）唤醒主动意识，形成主动状态，塑造主动人格

主动学习的近期目的是培养自己成为学习的主体、自我发展的主体，远期目的是造就成为社会历史活动的主人。

一是唤醒人的主动意识。

一个人有没有主动意识，主动意识强不强，非常重要。它包括下面两个内容：一是具备主动的自我意识。人要发展，事实上人们只要付出一定努力，就一定能发展，每个人都无可争辩地能够得到发展。二是有主动的适应意识。就是不仅能意识到现存的外部世界对自身发展的有利因素，而且也能看清周围环境的问题和困难，但不消极、不抱怨，而是能积极主动地想办法去解决，从而主动发展。

总之，人的主动意识，不仅能意识到自身内在的需要、能力、价值等，也能意识到必须在改变外部世界的活动中，才能实现主动并且主动发展。

人的主动性意识对其发展具有重要意义：①提高自觉性。学习者的主动意识愈强，在学习中自觉性就愈高，从而越能不断完善自身的知识结构、心理状态和行为方式。②增强责任感。学生主动性愈强，对自身提出的要求就愈高，对自身发展的责任感就愈大。③提升效能。主动性强的学生，成就动机就强，经过努力后取得成绩就会更加明确，从而提高学习的效能。

唤醒主动意识是构建主体地位的重要方面，并决定其主体性的发展水平，同时主动意识也有利于促进人的自知、自控、自主的发展。

二是形成人的主动状态。

对学习者来说，要使自己主动性充分发展，成为学习活动的真正主体，仅仅有主动意识是不够的，还必须注重自己有没有处于一种主动状态。

三是塑造人的主动人格。

人的主动性发展，实质是人格的发展，包括人的理性因素和非理性因素在内的整个人的因素的发展。因此，在学习中，不仅要掌握知识、培养能力，还要培养美好情感、意志信念、创造灵感等非理性因素，并把理性和非理性的因素很好地结合起来，塑造整体生命的主动发展的健全人格。

（3）强调生成，倡导探索，不断正强化

人的主动发展应有以下三个方面基本特征：

一是强调生成。好的学习是学生主动、活跃地学习。好的教育是协助学生成功的教育。但是，普遍存在的一个问题就是，我们对学生的期望和要求的目标又多又高，而学生自己在学习实践中形成、生成的目标却很少，达到目标的办法就更少。在教育教学中，让学生主动起来，首要的就是要自然、恰当地做好学生学习目标的生成和转化工作。

二是倡导探索。人类进化的实践表明，一个人处于主动探索状态时，尤其处于发现问题和解决问题状态时，他的学习和工作就会更积极、更得法、更高效，这是人的生命力的体现，是人类永恒的追求精神的体现。无数课堂教学实践证明，学生处于主动探索状态时，最能实现知识的重组、突破和创新，最能发挥他的个性、特长、天赋和潜能。

三是不断正强化。及时、正向的评价，可以不断激励学生主动发展、不断提高生命质量。对学生来说，主动学习才是真正愉快的学习，主动学习才是真正享受的学习。

（4）促进学生的五个学习参与度

一是思考参与。学习最根本的问题，就是思考参与程度的问题。学习的好坏，归根到底是思考不思考、是否积极思考的问题，人的学习、成长的水平及人的生命发展水平从根本上来说，都取决于人的思考水平，具体而言是学生的思维参与程度、思维的活跃水平，以及思维的灵敏性、深刻性、

创新性。

二是情感参与。良好情感是学习的自发性动力，是人的潜能发展和品格发展的基础。学生对于学习的情感可以表述为：无兴趣、兴趣、热爱、酷爱、痴迷、忘我等。

三是活动参与。人类是凭借自身的活动从周围环境脱颖而出的。人的个体也是在种种活动中认识世界、形成自我意识的。学生在活动中积极选择，强化体验，增加思辨，会促使他们对自我获得真正的理解，获得真知。

四是特长参与。充分运用人的兴趣、爱好、特长、优势参与学习活动。每个学生都是有特长、天赋和潜能的，现代教育的核心就是要全面调动人的积极因素，努力挖掘人的潜能，充分体现每一个人的价值。

五是品德参与。好的学习是德育与智育分不开的学习，高水平的学习是有着深刻的德育内容的学习。在学习中应有意识、有针对性地加强学习过程中的品德成长。教育要使人的行为品德和人格心理和谐统一地发展，让道德追求有永久的、内在的感召力。

2. 课改的动力：让每个学生、教师都有获得感

这些年来，171 中学最让人称道的是持续增长的“加工力”，可以说，今天的成绩是课改的直接成果。只问耕

耘，静待花开，结果水到渠成。或者说，这十几年来，我们用课改实践和开花结果，证明了一条真理——素质好，才能不怕考。

（1）让每个学生都有校园生活的成功体验

171 中学是东城区规模最大的中学，每年初一和高一入学新生有 1000 多人。学生人数多，层次也就多了。在大年级、大班级的背景下，学校教育怎么做才能有针对性？怎么才能实现因材施教？这是作为校长必须思考解决的问题。

我深信陶行知先生所说：教育就是教人变，教人变好的是好教育，教人变坏的是坏教育。活教育教人变活，死教育教人变死；不教变、教人不变的不是教育。我们推动课改的初心就是，每一个进入 171 中学的学生都能有校园生活的成功体验，都能享受美好的学习生活，都能走向成功。

本着这样一颗初心，171 中学更加坚定地坚持“有层次、无淘汰”的教育方针，对于课改来说，实质就是：面向全体，尊重差异，因材施教，让每一个学生都能发光。

（2）将“有层次、无淘汰”教育方针，转化为教学的一种文化认同

改革伊始，为统一全校教师思想认识，学校成立了以课改为目标，项目研究团队深入开展题为“‘有层次、无淘汰’教学文化实践与探索”的项目研究，对“有层次、无淘汰”教育方针进行全面宣传与讨论。

①关于“有层次”：学生的差异性是客观存在的，这些差异性体现在同一成长阶段同一领域学生的个体差异、同一个体在不同阶段和不同领域的差异；学生差异具有层次性。从课堂教学角度看，这些差异表现在不同年级不同学科之间的差异，同一年级同一学科之间认知能力、习惯、方式、态度等方面的差异。

②关于“无淘汰”：基础教育的使命、学校的责任和教师的职业道德要求我们，在承认和尊重差异的前提下，通过教育“加工”，实现每个个体都能达到教育目标的最低要求，并具备持续发展的基本知识和技能。

③关于“有层次、无淘汰”的教学文化：教学要从最后一名学生开始，底端统一高端开放，机会均等，各尽所能，营造“认识差异、尊重差异”的人文氛围，树立“有层次、无淘汰”的思想理念，找到“经营好每一个学生”“让每一个学生发光”的教学策略，形成“有层次、无淘汰”的教学文化。由此得出，“有层次、无淘汰”的教学文化是指以“有层次、无淘汰”教育方针为指导，以“五步自主高效课堂”教学为内容，构建的教学制度、教学行为和教学环境的综合。

在探索过程中，我提出“用先进的理念引导人、用正确的管理凝聚人、用积极的文化激励人、用团队的智慧成就人、用科学的方法点拨人、用服务的精神帮助人”的工作思路；提出“变说法为做法”的备考策略；提出“没有落实就没有基础、没有高度就没有高分”的课堂教学原则。教学文化的丰富，使教师的智慧得到启迪，从而为教学质量稳步提升提供了保障。

事实上，课改的最大难点是转变观念。如今，“让优秀生更优、普通学生成优、潜质生向优”的“三优培养目标”已成为我们学校教师们的共识，这种面向全体的负责任的教育观，让教师能面向全体，服务学生，成全学生，完善人生；“大气成大器，合作谋共赢多赢”的学习型组织文化，已融入171中学的方方面面，合作共赢成为每位教师最深切的体会。

（3）课改，从改课开始——五步自主高效课堂模式的创建

生命在课堂，教育在现场，我们要下最大力气盘活学校最大的无形资产——课堂。将课堂的价值最大化实现出来，课改从改课开始，这是体现一所学校加工能力、育人土壤优化的关键所在。

课改首要是改课。课堂忧思在于：双主体地位难以真实凸显，课堂体验难以充盈丰富，大教学班难以实现因材施教。因此，我们确定：一是三优目标。让优秀生更优、普通生成优、潜质生向优。二是实现两个理论创新。以学定教，教学合一，教学相长；构建自主合作高效课堂模式，充分发挥学生学习能动性，尊重学生主体地位。

基于“学生主动学习发展”这个原理，我带领工作团队潜心创设构建这样的课堂：充分发挥师生双主体地位，以学生主动参与、能力构建为核心价值，师生互动、生生互动、小组合作，真正实现面向全体不失一生，使“三优培养目标”“有层次、无淘汰”能够落地落实的课堂。

①凡事彻底，持续改善，创建新型的五步自主高效课堂模式

十几年来，学校围绕课堂教学，以构建“自主、合作、探究”的“高效课堂”为目标，开展广泛研究，并进行了三个阶段的推进，先发展，后完善，边发展，边完善，持续实现螺旋式上升，从而到达今天的高度。

第一次推进：2009 年开始，课改的第一次推进，是“学案教学”模式，变“教师教”为“学生学”。基本的课堂模式：集体备课→研磨学案→课前下发学案→教师讲解少于 15 分钟（语文、英语少于 20 分钟）→最后 5 分钟当堂检测。

第二次推进：2010 年开始，进一步探索课堂教学的基本流程，推出“求同存异，五步教学”法。2010 年 4 月至 6 月，我校组织干部，教研组长，备课组长，部分教师和全体初三、高三教师分批到山东、浙江、广东观摩学习。经过充分论证，确立了五步自主高效课堂模式，即“明确目标、自学交流、展示提升、讲解拓展、练习反馈”。

第三次推进：2012 年开始，实施“五步自主高效课堂”方案，促进形成具有 171 特色的“自主高效课堂”。我们为推进“五步自主高效课堂”，开展了系列研究课活动、专题研讨活动。系列的层层递进的研究课活动、专题教研活动，为五步自主高效课堂的推进提供了源源不断的研讨素材、灵

感和动力，激发教师产生很多教育智慧。

到今天，我们用10年时间打磨出“五步自主高效课堂”模式。可以说，课改促进了课堂深刻的变化、升级，强化了学生主体地位，调动了学生自主学习的积极性，推动了教师专业的发展，教学理念的提升。同时，也提升了课程实施的有效性，使课程得以在课堂中发挥最大的育人功能。

②五步自主高效课堂的实施

五步，老老实实，一步一步来。孔子讲“践迹而行”，也就说，大家先照着做，照着做到位了，然后再接着做，就可以去创新了。

第一步：明确目标。教师简明扼要地展示学习目标，使学生快速、准确地知道本节课所学的重点和难点是什么，对后续学习做到有的放矢。

第二步：自学交流。学生根据课案进行自主学习。“自学案”是依据课程标准的基本要求编制的课案的一部分，是引导学生思考、合作、学习、交流的重要依托，是落实知识的重要环节，是培养学生自主学习能力的途径。课案与五步相互结合，相得益彰。

第三步：展示提升。在自主学习的基础上，将学生自主学习的成果进行展示。展示的前提是小组合作学习。灵活多样的小组合作方式运用于从初一到高三的课堂中，在小组讨论、质疑、答疑、探究、展示的过程中，学生碰撞出思维火花，不仅提升了学生的思维能力和应变能力，而且不断丰富发展小组成员的语言表达能力，增强了合作学习的意识。

第四步：讲解拓展。学生们自学了、讨论了，但有些知识确实是学习中的难点，多数学生无法突破。教师如何在短短几分钟时间里，一语中的，深入浅出、生动形象地进行讲解，使学生拨云见日、豁然开朗，就显得尤为重要。在教师讲授的阶段，教师应该充分展现教师教的主体地位，做情境的创设者、疑难的解决者、方法的提炼者、规律的总结者。

第五步：练习反馈。围绕整节课的学习目标，设计一些有梯度、有针对性、有适当知识和思维容量的题目，让学生练习并及时反馈，检查对所学知识的目标达成。题目的选择和设计要突出星级化、价值化等以学生为主体的课程理念。

③五步自主高效课堂的效果评价

在五步自主高效课堂的实施过程中，老师们开始审视自己的教学，开始思考如何让课堂高效，拉开了教师团队向研究型团队过渡的序幕。同时大量的公开课也奠定了以后校级研究课的基本模式：8 月底——样板课、10 月份——骨干教师示范课、11—12 月份青年教师汇报课、3—4 月份新调入教师风采课。经过几年实践与探索，现今五步的课型是丰富的、多元的。五步自主高效课堂给我们带来了很多变化。

亮点一：教学研究的氛围浓郁，教师专业得到有效发展。系列的教学研究课、教学专题研讨活动为各教研组提供了广泛的教研材料，给每一个备课组、每一位教师提供了研究的平台，在形成我校教研之风中发挥了关键作用。每年教学处会收到老师们撰写的教学设计、论文100多篇。以2019年年初至9月为例，5篇获全国一、二等奖，41篇获北京市一、二等奖，29篇获区级一、二等奖。

亮点二：集体备课活动更显实效。集体备课的侧重点发生了根本性变化，真正实现了由备“如何将知识传授给学生”，向备“如何引导学生自主学习”的转化。

亮点三：课堂教学环节设计处理和教学资源的采用更加成熟。化学组贺珊珊老师分享她在2016北京市教学设计比赛的经验时说：“教学设计最重要的就是理念。理念是否符合现代教学的价值取向，是否符合学生健康成长价值观念，至关重要。其次采取的教学策略是否有助于学生的认识发展，能否提高他们的综合能力和科学素养。把握清楚这两点之后，教学内容、教学手段、组织方式等自然水到渠成。”我校教师在各级各类比赛中取得了丰硕成果。

亮点四：课堂中学生的表现更精彩，学生主体地位得到充分肯定，综合素质得到扎实发展。学生的课堂表现更精彩。一是学习热情提高，自主意识增强。表现在课上发言更积极，课下能自主完成“自学案”，自主纠错。二是学生参与度提高，做到全员参与。表现在交流、展示环节学生以小组为单位，人人“动嘴、动手、动眼、动脑”，全员参与学习活动，课堂气氛活跃。三是班内学习小组间竞争初步形成。组内交流学生有合作、有互助、有提高；展示提高时组间有比较、有竞争。四是创造性思维涌现。在这种模式下，组里有许多学生能通过自学发现很多深层次问题，思维潜力变为思维能力。

随风潜入夜，润物细无声。我们的课堂实现了三个实质性转变：一是从关注结果进而更多关注过程的合理性；二是从关注教师的教进而更多关注学生的学；三是从单一评价课堂教学进而更多关注多元评价。

回过头来再看，凡是成功的课堂改革，其核心价值一定是“学生主动学习发展”。171 中学的五步自主高效课堂，以此为逻辑起点，强化学生的主动意识，形成学生高度主动状态，塑造学生的主动人格，同时想方设法引领学生五个参与，即**思考参与、情感参与、活动参与、特长参与、品德参与。**

（4）进一步明确“五步自主高效课堂”的价值向度

“课改从改课开始”，这句话不能只停留在技术层面上，应当变成一种组织意义上的文化自觉，一种时尚，一种风气。所以，要清晰地勾画出五步自主高效课堂的价值向度：

一是课案及课案教学满足不同层级学生个性需求。

课案是学生自主学习的路线图，是基本知识、基本方法落实的载体；课案遵循“低端统一高端开放”原则，是分层次教学、实现“三优目标”的抓手。其基本框架是：学习目标、情境和问题链、留白、目标检测、评价等，分为预习案、训练案、检测案，实行“三案并举”。课案留有空白和弹性，因班级不同和学生不同灵活使用。不同的老师团队、不同的学生基础和条件、不同的教学策略都会体现在课案的差异上。所以，我们学校的课案首先满足了学生的差异性发展。

课案编写和运用坚持从学生的角度思考，体现教师的主导过程，以目标为导向、问题为载体，目标、问题和训练检测体现层次性，坚持“没有落实就没有基础、没有高度就没有高分”理念。通过课案教学，让每一个学生解决学习问题、参与学习过程，落实应知应会的知识，形成基本技能，实现课堂教学内容上的低端统一高端开放，从而实现课堂学习“有层次、无淘汰”。经过多年实践，“课案”已成为我校学生最佳学习方案。

二是以小组合作为平台提升学生自主合作能力。

小组合作学习助推不同个体学生共同发展。合作交流是课堂学习的一种需要，也是学生的一种基本能力。对待具有探究意义的问题，同伴相互研究、交流不仅能使学习内容更深刻，而且能使学习氛围和效率更好。不同层次学生在小组合作学习中激发激情、碰撞智慧，在学习主体激烈对话中深化学习内容。我们的课堂将学生 4—6 人组成一个小组，以小组为基本单元实施课堂教学。配套小组合作学习，我校教室设置三面黑板，变“讲板”为“学板”，为学生交流展示提供舞台。在小组合作的课堂成长起来的学生，更愿意相互帮助，相互支持，学习成就感明显提升，合作意愿进一步增强，谈吐更加流畅，态度更加自信，能力得到提高。

三是以“调动学生主体参与”为核心追求的自主高效课堂要素。

自主高效课堂的核心价值，是让学生在学习活动中能“积极参与、乐于探究、勇于实践、勤于思考”，自觉主动地去学。为实现此价值，我校进行了数十轮公开课、示范课、研究课。以“调动学生主体参与”为目标，对课程教学环节要素进行科学提炼，包括“明确目标、自学初评、展示提升、讲解拓展、练习反馈”等，这些教学环节为充分发挥学生主体作用提供了重要机会。以“五步”为要素的“自主高效课堂”，从教师和学生角色要素上，确定了与做“有层次、无淘汰”教育理念相适应的课堂文化特征；从行为要素看，学生行为四个、教师行为一个，把课堂还给学生的课堂权利意识得到充分体现；从行为要素反映的课堂内涵看，学生的主体地位和教师的主导作用得到确认。

四是以“顶层设计，分层实施”为原则设计“有层次、无淘汰”作业。

作业是课堂的延伸，是实现“有层次、无淘汰”的重要环节。坚持分层次布置作业，作业布置上关注差异，做到“有层次、无淘汰”。坚持“作业三批三改”，即：基础题全批全改、重点题细批细改、特殊需求学生面批面改。在作业的批改上既面向全体，又关注个体，作业批改上做到“有层次、无淘汰”。杜绝题海战术和课内缺失课外补，杜绝通过学生写作业的“勤”来补课堂教学的“拙”。

然而，任何改革都不是一蹴而就的，因为行为的转变需要思想的引领。在 171 中学十多年改革进程中，学校逐步强化教师对“三个转变、四种状态”的认识。同时，针对信息技术高速发展的时代背景，要求教师高度关注这一背景下课堂教学的发展新理论、新方式、新模式。一是关注学习方式，尊重个体学习方式和集体学习方式的差异性，提供更适切的针对性教育；二是关注学习情感，创建温馨课堂、情感教室；三是关注学法探讨，开展基于知识和方式基础上的智慧学习。

改革，永远在路上。

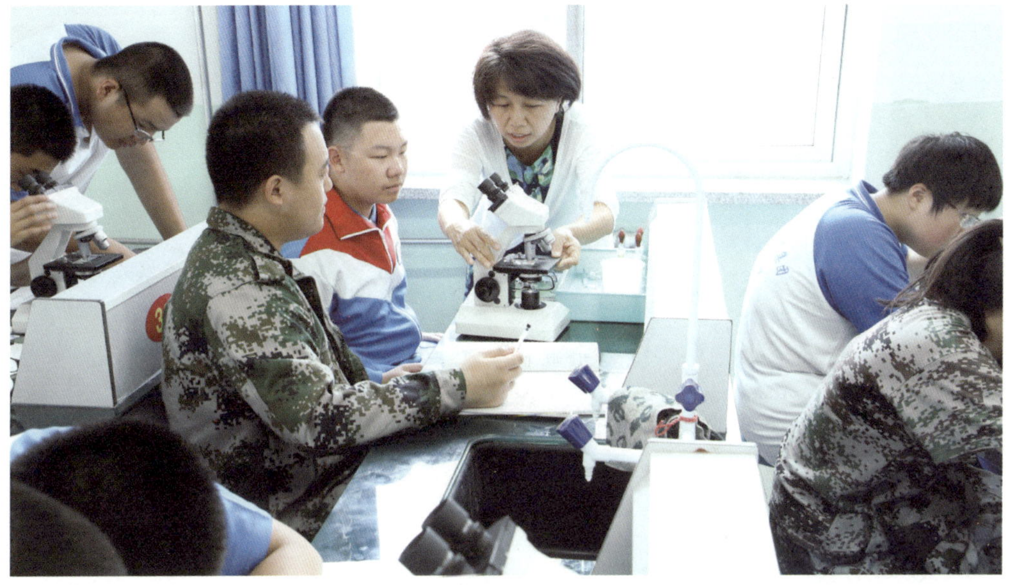

观察体验

教师精讲

合作探究

当堂检测

三、十年打磨课案体系

教育上有一个常识：正确的学习方法是先预习、后上课。预习，就是课前的自学，是学生在老师上课前先独立自学，做好上新课准备，促使自己自觉探索、更加主动地学习。

然而，传统的预习是泛泛而论的，近二十年来，我们国家的很多学校进行了积极的探索，能不能把“预习”这个环节机制化系统化，成为人人都能上手的一个价值性工具？因此，就有了“预习案”，我们也从这里切入，无论是传统的预习，还是后来的“学案”，以及我们探索出来的“171中学课案体系”，都客观存在其内生的合理性：

一是超前半步，做足上课的知识和心理准备

“凡事豫则立，不豫则废。”古人的这句话告诉我们不管做什么事情，先有了解，先作准备，容易取得好的效果、取得成功，否则效果不佳、招致失败。

有些学生学习很努力，但学习成绩不佳，他们习惯于“平时从不向前看，上课只跟老师念，下课围着习题转，考完谁都不想见”。他们没有知识和上课前的心理准备，进教室只能“跟着”上课，学习起来情绪低沉，思维呆滞，下课后搞题海战术，还挺忙挺累，可想而知，学习成绩不会理想。越是学习吃力的学生，越要重视课前准备，以摆脱被动的恶性循环，做到积极、主动学习。

二是通过课案的学习，有效提高学生上课水平

通过课案的学习，对要学的内容心中有数，目标明确，注意力集中，思维就会积极、活跃。

通过课案，能了解新课中需要什么旧知识，能发现自己知识上的薄弱环节，可以及时补上这部分知识。

通过对课案的学习，对重点难点有一定把握，带着问题、带着需要、带着思想、带着热情去上课，会另有一番境界。上课针对性强、精力集中、思维主动深刻，自己也更加自尊、自信。这样的学习有利于全面发展，若能提出探究性的问题，并迫切想与同学老师进行探讨研究，上课时水平就会更高。

三是课案的目的，是培养学生的自学能力

自主学习的能力，也可以理解为“自学能力”，也叫“自我发现的能力”，所有优秀的人，都是具备自学能力的。而课案一般是一个学生首次接触新知识，独立地去阅读和思考。课案的学习，就是上课前的自学，所谓自学能力，就是独立学习的能力，即独立地开发智力、培养创新的能力。学生若能长期坚持，学习水平就会逐渐提高。这样，自学能力必然会得到提高，并学会学习，意义重大。

1.171 中学课案的创新与突破

在《北京市第 171 中学高质量发展整体解决方案》中，

课程被看作学校高质量发展的生命线，课堂被视为学校最大的无形资产，课案则是抓手，是深化、优化、固化这个整体解决方案的关键一环。将这三者有机融为一体，形成一个体系，是171中学确保质量稳步上升的一个基本面。

课案是我们171中学课改的特色产品。十年之前叫“学案”，后来改为“课案”。区别于传统的“学案”，我们的“课案”有三个鲜明特点：

（1）把预习、训练、检测变为一件事情

课案是学生自主学习的路线图。基本框架是：学习目标、自学指导（情境和问题链）、展示提升、目标检测、小结留白五个部分，对应五步课堂中明确目标、自学交流、展示提升、讲解拓展、练习反馈五个步骤。从功用上分为预习案、训练案、检测案，实行“三案”并举，体现学生自学过程、练习过程和落实环节。

通过课案教学，每个学生自主解决学习问题、参与学习过程，落实应知应会的知识，形成基本技能，坚持课堂教学内容的低端统一高端开放，从而实现课堂学习“有层次、无淘汰”。

（2）管理层上，把课案这个抓手做到极致、惟精惟一

在我们备课组内部，每份课案都要经过“个人初备—轮流主备—集体研备—优化整理—成果共享”五个流程。教

学处安排专人对课案实施管理。以备课组为单位，按月管理，每学年整理成册。每学年之初，学校专门召开课案对接会，组织新老年级备课组长进行课案传承。教师在上一年备课组研究的基础上，对课案进行新加工、细加工、深加工，用这项制度保证课案品质逐年提升。课案研磨成为教研组团队建设的纽带，成为教师专业水平快速发展的抓手，成为真正合作型、学习型团队形成的催化剂。

（3）实现星级化、生活化、学科价值化的统一

以新中考、新高考改革和终身教育提升素养，以人为本的价值取向教育为牵引，我们不断丰富课案内容，使其含金量不断提升，从重视知识到重视思维，从平铺直叙到分层满足，从强化课本到凸显生活，从知识主体到应用价值，课案不断深化提升。我们明确要求，课案一定要实现星级化、生活化和学科价值化的“三化”呈现。

一是课案的星级化。按照梯进定律，我们用课案的星级化体现“有层次、无淘汰”的教学方针。以保障低端统一为前提，在课案中以清晰明确的星级标注方式，体现知识分层和能力分层。

二是课案的生活化。如今新中考、新高考命题在设计上十分突出学科与生活实际的联系。为此，我们在课案编制中着力增加学科与文化新内容，如语文与文化、数学与生活、物理与生活、化学与生活、历史与社会、地理与生活、政治与社会等，主动应变，与时俱进。

三是课案的学科价值化。新中、高考试题在设计上注重能力与价值观并举，彰显学科价值。我们的课案，通过老师的设计和执行，实现培养学生综合运用所学基础知识、基本原理分析问题、解决问题的能力。

2. 被学生视若珍宝的课案

在课案实施初期，出现过不同声音，认为课案禁锢学生的思维过程，不能体现学生的学习个性。但十多年改革实践证明，课案事半功倍，核心在于如何编课案和如何用课案。

这些年来，171 中学课案内容不断丰富，从重视知识到凸显思维，从一马平川到分层满足，从一枝独秀到一片森林，从质疑彷徨到百花齐放，课案在不断深化。近几年，课案又有了新的进步，学校在课案品质提升上不断下功夫，提出了课案星级化、课案生活化、课案的学科价值化，这是一次飞跃。目前课案已基本成熟、定型，但又是开放、发展的。

我们的白洁老师说："以前教过的一些毕业生，去外校读高中后，经常向我抱怨，很不适应没有课案的课堂。有的孩子每周都回母校一次，就是为了找高中部的同学借课案。"

171 中学的毕业生张致远同学最感念的就是学校的课案教学。当年擦线考入学校高中部，但高考却考出了 648 分的好成绩，被对外经济贸易大学录取。他说："我把课案上的都学会。"这一句话道出了课案给他带来的巨大收益，也很好地诠释了 171 中学“有落实才有基础”的课案内涵。

可以说，被学生视若珍宝的课案，是全体 171 中学老师的集体智慧，堪称集大成者。171 中学不会让一个人去单打独斗，因为每个人身后都站着一个团队。自实施课改后，171 中学就改变过去教师单兵作战的教学状态，教研组集体备课，为学生研制最好的课案文本和课堂设计，每学年全校编制课案近 1 万套。如今，171 中学“集体备课”的教研文化早已遐迩闻名。集体备课，团队合作，成为 171 中学教师最津津乐道的课改经验，而课案是教研组集体备课的结晶。每周教师们集体备课时，主备教师会对编写思路进行“说课”，其他教师针对疑惑之处展开研讨，细化重点内容，对课案进行优化修改。

教师们都深有体会：备课时人人发表观点，人人参与编写课案，人人参与组内听课评课，最终使课案更优化，课堂流程更顺畅。为了一份课案，大家都绞尽脑汁，虽然劳累艰辛，但在知识升华和教学理解升华中获得了专业幸福感，收获满满的自信与自豪。

举几个随意抽取的课案案例，对此会有一个直观的感受：

案例一：
李浩老师主持、集体打磨的“高一语文”课案

《小狗包弟》预习案

【学习目标】

1. 积累相关字词及文学常识。
2. 初读课文，了解内容，把握思路。

【文学常识】

了解一位作家，了解一个时代，有助于我们读懂文字背后的内容，也有助于我们与作家作深层次的交流。（信息积累★★）

巴金(1904—2005)，原名李尧棠，字芾甘，四川成都人。他从小生活在一个官僚地主家庭，目睹了种种丑恶的社会现象。“五四”运动使他打开眼界，树立起反对封建制度，追求新的社会理想的信念。1927年赴法国学习，第二年写成第一部长篇小说《灭亡》。1928年年底回国。1931年后积极参加抗日救亡运动，和鲁迅来往密切。鲁迅认为“巴金是一个有热情的、有进步思想的作家，在屈指可数的好作家之列的作家”。“巴金”这一笔名源自他在留学法国时认识的一位巴姓同学巴恩波，以及这位同学

自杀身亡时巴金所翻译的克鲁泡特金著作。他把这二人的名字各取一字，成为他的笔名。

1968 年 8 月巴金被监禁；9 月被抄家，并经受各种形式的批判斗争；1970 年春节后到上海郊区劳动改造；1972 年 8 月，妻子萧珊病逝；1973 年回上海，在四平方米的小屋翻译大量的作品，直至“文革”结束；1978—1986 年带病写“随时随地的感想”共四十万多字，辑成《随想录》，这些作品写感受，无情解剖自己，也剖析社会。

他的主要作品包括长篇小说“爱情三部曲”《雾》《雨》《电》，“激流三部曲”《家》《春》《秋》，“抗战三部曲”《火》(一、二、三)，以及小说《寒夜》《憩园》，散文《随想录》，等等。译作有长篇小说《父与子》《处女地》。

【积累字词】

给下列加点字注音（字词积累★★）

租赁（　）倘使（　）解剖（　）堕入（　）

叱骂（　）绿草如茵（　）作揖（　）缉毒（　）

修葺（　）编辑（　）舟楫（　）头破血流（　）

满身是血（　）血迹（　）脚爪（　）张牙舞爪（　）

【整体把握】

请认真阅读课文，标小节号，认真思考，回答下列问题：（提取信息★★★）

1. 全文讲述了几条狗的故事？

2. 全文结构怎么划分？

序幕：

开端：

发展：

结局：

______

______

______

尾声：

______

______

______

《小狗包弟》课堂案

【学习目标】

立足文本，揣摩语言，理解作者的真实情感，感受作者的人格魅力。

阅读课文，思考：

1.小狗包弟是怎样的一条狗？（提取信息，理解意图★★★）

小狗包弟是一条______的狗，依据是______

小狗包弟是一条______的狗，依据是______

小狗包弟是一条______的狗，依据是______

课堂笔记：

2.作者为什么要把小狗包弟送上解剖台？你如何评价他的行为？（评价行为★★★★★）

课堂笔记：

3.本文除了小狗包弟之外，为什么还写另一条狗？（提取信息，理解意图★★★）

4. 小狗包弟被送走之后，作者的情感有哪些变化？请至少写出三个词。（把握情感★★★★）

[ ] → [ ] → [ ] →
[ ] → [ ] → [ ]

课堂笔记：

《小狗包弟》训练案

【反馈提升 · 感受人格】（审美创造★★★★★）

巴金先生被评为“感动中国”2003 年度人物，请你根据本堂课所学，为他写一段颁奖词：

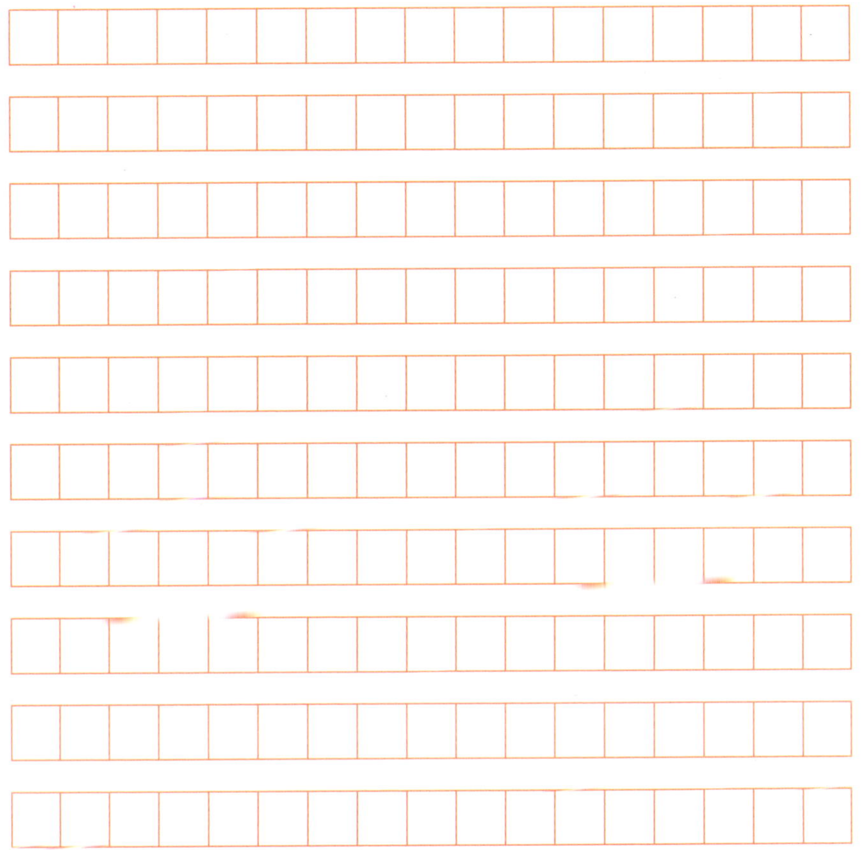

附教学设计：

《小狗包弟》教学设计

语文组 李浩

【教学目标】

立足文本，揣摩语言，理解作者的真实情感，感受作者的人格魅力。

【教学过程】

一、情境导入

家春秋激流涤荡，雾雨电响彻爱情。80 年前，一位青年作家，曾引领着我们走向爱和美的殿堂；历经“文革”浩劫，劫后余生的他早已是耄耋老人，又用自己的思考，让整个社会一起思考真和善的力量。“小狗包弟”就是他要讲的故事的主角。本节课，我们要立足文本，揣摩语言，理解作者的真实情感，感受作者的人格魅力。

二、阅读课文，思考

【自学交流 · 学法指导】

1.小狗包弟是怎样的一条狗？（学生口答，教师板书关键词）

小狗包弟是一条______的狗，依据是____________

①可爱，招人喜爱；听话；忠诚，有情义……

正面描写：第 2 自然段 作揖；第 3 自然段 见到陌生人吠一阵就跑开了，在客厅里向客人作揖讨糖果。

侧面描写：第 3 自然段日本通讯社拍摄包弟的镜头，由起女士在两年之后仍然对包弟念念不忘。第 4 自然段爱人在三年困难时期还不忘讨骨头喂它。第 5 自然段门口等候。

②命运悲惨。“送给医院由科研人员拿来做实验用”，“躺在解剖桌上给割开肚皮”。

点拨：作者之所以反复渲染小狗包弟的种种好处，就是为了凸显它的命运的悲惨。

【小组讨论·初步把握】

2.作者为什么要把小狗包弟送上解剖台？你如何评价他的行为？（小组抢答，初步理解）

自保自私？——虽然抉择痛苦，毕竟送走包弟，虽然不是他亲办。10 段“瞧不起自己”。

可以理解？——社会，“文革”，破“四旧”，红卫兵，甚至小孩，抄家，杀狗，我半靠边，没人愿意接受包弟，1 段“认识的人都掉开头”。

【合作探究·理解感情】

3.本文除了小狗包弟之外，为什么还写另一条狗？（小组讨论，品读理解）

（拆解问题 1. 从全文来看，第 1 自然段有什么作用？）

引出作者与小狗包弟的故事；交代了故事发生的背景——“文革”；奠定了本文的感情基调，由艺术家的悲惨遭遇及小狗的死，暗示小狗包弟的悲剧结局……

（拆解问题 2. 仅仅是引子吗？作者与包弟的故事和艺术家与小狗的故事有什么异同？）

同：“文革”背景相同，人狗的命运都很悲惨——反映“文革”给社会带来的灾难，说明故事的普遍性。

异：小狗对艺术家很忠诚，因艺术家而死；作者为了自保，舍弃了包弟。

狗与人的对照——狗：忠诚，可爱，有人情味；人：冷漠、残忍，背弃。

专政队
狗 —— 认识艺术家的人
作者

4.小狗包弟被送走之后，作者的情感有哪些变化？请至少写出三个词。（学生板书关键词，口头展示）

齐读第 10 段，归纳

轻松——甩掉包袱

沉重——背上包袱

自责——一方面责备自己，另一方面又想保全自己

拓展：作者牺牲了包弟，是否保全了自己呢？没有！因为“我自己终于也变成了包弟”。什么意思？这使我想起一首诗：刻在波士顿犹太人屠杀纪念碑上，作者是德国新教神父，马丁·尼莫拉

在德国，
起初他们追杀共产主义者，
我没有说话——因为我不是共产主义者；
接着他们追杀犹太人，
我没有说话——因为我不是犹太人；
后来他们追杀工会成员，
我没有说话——因为我不是工会成员；

此后他们追杀天主教徒，
我没有说话——因为我是新教教徒；
最后他们奔我而来，
却再也没有人站出来为我说话。
——马丁·尼莫拉

思考：只想自保，最后谁都保不住。

齐读第 11 段，归纳

熬煎——作者是如何表现这份熬煎的？（作家写了时光的流逝，又写了庭院景况的改变，目的是什么？）整整 13 年过去了，作家所住的庭院也已面目全非，但那种愧疚和自责仍然没有减少一分，反而与日俱增，作者的心时时刻刻“在油锅里熬煎”。“我仍然住在这所楼房里……竹篱笆换成了无缝的砖墙。”砖墙：经历了这样一场浩劫之后，人与人之间的距离早已不是那曾经很柔软的小“篱笆”了，而是换成了互相隔阂的砖墙；衰草：“文革”之后思想道德理想的荒芜，人们的迷惘，精神的苍白。“文革”对人类心灵的伤害与扭曲，不知道还需要多长的时间才能够消弭。可见反省、忏悔，重建精神家园，何等急迫，任重而道远。

齐读第 12—13 段，归纳

反思——作者认为“这种煎熬不会终结”，除非“给自己过去十年的生活作总结，还清心灵上的债”，所以作家在 76 岁高龄，仍然带病书写着心中真诚的忏悔，最后辑成《随想录》一书。如果说自责、煎熬是一种良心，那么，反思则是一种责任。

——1978 年，中国社会尚处在拨乱反正阶段，几乎没有人为他们的所作所为承担责任，以控诉为基调的“伤痕文学”以及“暴露文学”在文坛盛行，但巴金超越个人苦难的诉说，率先提出，每个知识分子乃至每个人都应反思自己的责任。巴金作为一个受害者却站出来忏悔，这是需要莫大的勇气和力量的。在此我们感受到作者勇于自我解剖、敢于讲真话的精神和勇气。

冯骥才说：“在作家心里，比恨更大的是爱，比过去更重要的是未来。”

【反馈提升·感受人格】

5.巴金先生被评为“感动中国”2003 年度人物，请你根据本堂课所学，为他写一段颁奖词：

“感动中国”2003 年度人物——巴金的颁奖辞：

穿越一个世纪，见证沧桑百年，刻画历史巨变，一个生命竟如此厚重。他在字里行间燃烧的激情，点亮多少人灵魂的灯塔；他在人生中真诚地行走，叩响多少人心灵的大门。他贯穿于文字和生命中的热情、忧患、良知，将在文学史册中永远闪耀着璀璨的光辉。

板书设计：

“文革”：时代悲剧

可爱
听话
忠诚
有情义

小狗包弟 → 命运悲惨

作者：勇于解剖

《小狗包弟》课案，注重语文的本源：阅读。通过问题链，引导学生立足文本，揣摩语言；对10—13段的品读，带领学生理解作者的真实情感；特别是即时引用马丁·尼莫拉的诗歌，拷问人性，引领学生感受作者的人格魅力。本课案更注意读写结合，为巴金写颁奖辞，既是思想小结，又是表达训练。

案例二：

孟岩老师主持、集体打磨的“简单机械”课案

这句火遍大江南北的广告词，使得挖掘机不再仅仅是一个机械，更成为人们对于“大国工匠精神”向往的图腾。看似一个很复杂的挖掘机，其实是由很多简单的机械组合而成的。那么我们常用的简单机械都有什么呢？让我们进入新一章的学习——

第十二章　简单机械

第 1 节：杠杆

学习目标

1	能说出杠杆的五要素，并能准确找出一个杠杆的五个要素。科学思维
2	能够画出各种杠杆的力臂。科学思维
3	能够说出杠杆的平衡状态，能写出杠杆平衡条件的公式。科学思维
4	能说出杠杆的三种分类，并举例说明。科学思维
5	能用杠杆平衡条件的公式进行简单计算。科学思维
6	通过实验探究，理解力臂概念，能够得出杠杆平衡的条件。实验探究
7	每当遇到以杠杆为模型的机械时，都能主动用相关知识分析出这个杠杆的五要素以及类型。科学态度与责任

【环节 1】当你用筷子夹菜、用剪刀剪纸、用起子开瓶、用托盘天平测量质量时，你就在使用杠杆了。杠杆是最简单的机械之一，一根硬棒，在力的作用下能绕着固定点转动，这根硬棒就是杠杆。

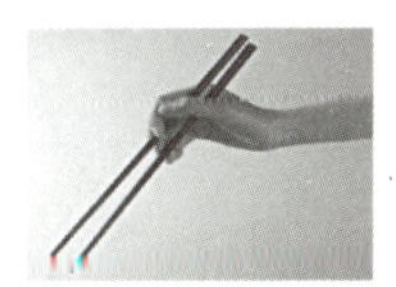

如图 1、2 所示，人用力压杠杆的左端，杠杆的右端缓慢将大石块撬起。这个过程我们可以近似认为杠杆在绕着支点作匀速圆周运动。当把石块撬起静止不动时，杠杆处于静止状态。我们把这两种状态称为

- 杠杆的平衡状态：① ________ ② ______________

图 1

图 2

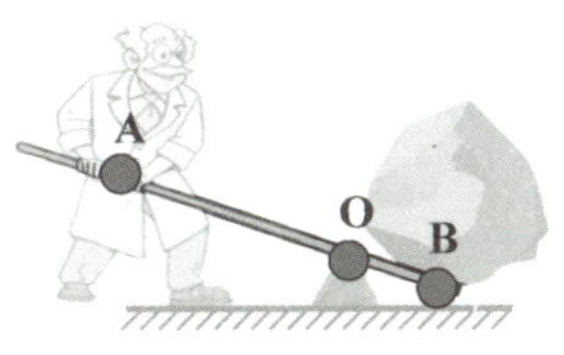

图 3

在图 2 中，当人将大石块撬起并离开地面，保持这个姿势不动，此时杠杆处于静止的平衡状态。此时杠杆若忽略自身重力时，它的 A、B 和 O 三点受到三个力的作用（如图 3 所示）。A 点受到的力是人施加的使杠杆旋转的力，我们称其为________（F_1）。B 点受到的力是物体施加的阻碍杠杆旋转的力，我们称其为________（F_2）。O 点由于是一个固定不动的点，我们就不再分析其受力的情况，O 点称作________。那么我们对于一个杠杆的描述，就可以从________、________和________三个要素来入手（如图 4 所示）。

图 4

【环节 2】在杠杆的使用中，杠杆的平衡状态是一种非常重要的状态。那么，杠杆在满足什么条件时才会平衡呢？我们用下面这个仪器来探究。一个杠杆和若干钩码，为了方便研究，我们每次都让杠杆处于水平静止的状态，然后看看要保持平衡需要满足什么条件。下图所示的三种情况中已经在支点左侧挂上了钩码，请你在支点右侧选择一个位置，挂上一些钩码，使杠杆能够水平静止。在下面的表格中记录你的数据。

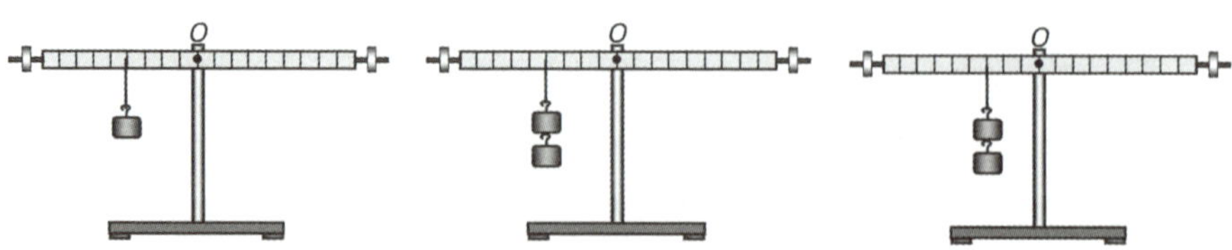

实验次数	支点左侧		支点右侧	
	动力 /N		阻力 /N	
1				
2				
3				

你的初步结论：________________________________

结论是否正确呢？首先，结论要禁得住检验。我们用下面这个杠杆来检验一下。

下图所示的装置是一个宽杠杆，O 为支点，A、B、C 和 D 点是可以挂上钩码的四个点。当在 A 点挂上两个钩码后，你尝试一下在 B 点挂上相应的钩码，使杠杆处于水平静止状态。然后再尝试一下 C 点和 D 点，看看以上这三种情况下，记录的相关数据是否还满足你的初步结论。

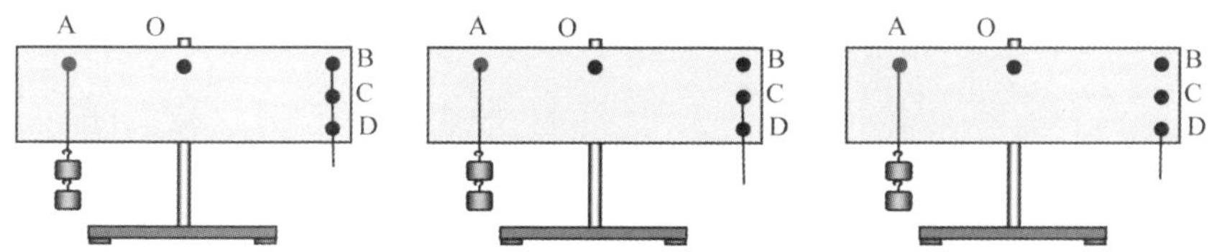

实验次数	支点左侧		支点右侧	
	动力 /N		阻力 /N	
1				
2				
3				

你觉得，你的初步结论是否需要更正呢？你觉得杠杆平衡的条件应该怎么叙述呢？

____

为了能够更加方便描述杠杆的平衡条件，我们定义了一个新的物理量，叫作

- 力臂：______________________________。

下面请你画出下图中力 F 的力臂。

【环节 3】那么，关于杠杆平衡的条件，我们就从__________、__________、__________和__________四个物理量之间的关系来展开探究。

"探究杠杆的平衡条件"

步骤 1：调节杠杆两端的螺母，使杠杆在不挂钩码时，保持水平并静止，达到平衡状态。

步骤 2：给杠杆两端挂上不同数量的钩码，移动钩码的位置，使杠杆重新在水平位置平衡。

这时杠杆两侧受到的作用力的大小等于各自钩码所受重力的大小。

步骤 3：设左侧钩码对杠杆施的力为动力 F_1，右侧钩码对杠杆施的力为阻力 F_2；测出杠杆平衡时的动力臂 l_1 和阻力臂 l_2；把 F_1、F_2、l_1、l_2 的数值填入表格中。

【当杠杆处于水平静止时，由于钩码施加的力的方向是________，所以此时力臂正好与力的作用点到支点的连线________，而这个连线又与杠杆本身________。所以我们通过杠杆上的刻度，就可以读出力臂的长度。】

步骤 4：改变动力 F_1 和动力臂 l_1 的大小，相应调节阻力 F_2 和阻力臂 l_2 的大小，再作几次实验。

步骤 5：根据表中的数据进行分析，找出它们之间的关系。

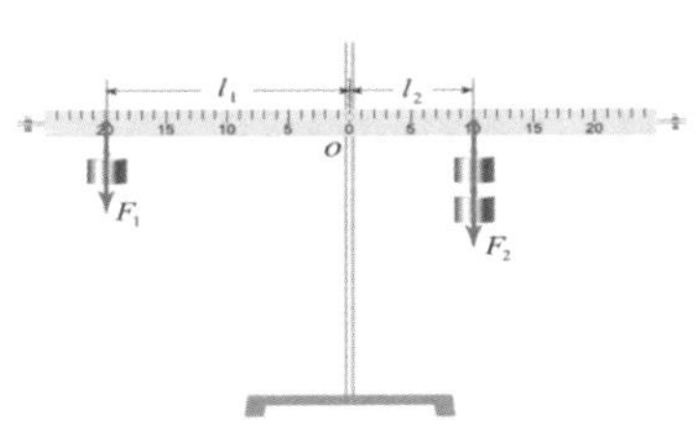

实验次数	支点左侧		支点右侧	
	F_1/N	l_1/	F_2/N	l_2/
1				
2				
3				

实验结果表明

- 杠杆的平衡条件

文字表述：______________________________

公式表述：______________________________

这个平衡条件就是阿基米德发现的“杠杆原理”。

【环节 4】我们身边有很多杠杆。例如，小朋友玩的跷跷板、拔钉子用的羊角锤、划船用的船桨等。根据这些杠杆的动力臂和阻力臂的大小关系，我们可以将杠杆作出如下分类：

（1）等臂杠杆：天平的动力臂与阻力臂相等，是一种等臂杠杆。

（2）省力杠杆：利用下图中的撬棒，只要用很小的力，就能撬动很重的石头。这类杠杆我们称作________杠杆，请你画出支点和它的动力和阻力的方向，画出动力臂和阻力臂，发现动力臂________阻力臂。

这类杠杆虽然省力，但动力作用点移动的距离却比阻力作用点移动的距离大，省了力，却费了距离。

（3）费力杠杆：下图中赛艇的船桨也是一种杠杆。人坐在船上划船时，手加在桨上的动力比水对桨的阻力大。这类杠杆我们称作________杠杆，请你画出支点和它的动力及阻力的方向，画出动力臂和阻力臂，发现动力臂________阻力臂。

这类杠杆虽然费力，但只要手移动较小的距离，就能使桨在水中移动较大的距离。虽然费力，却省了距离。生活中还有很多杠杆，在使用时如何区分它们是省力杠杆还是费力杠杆呢?

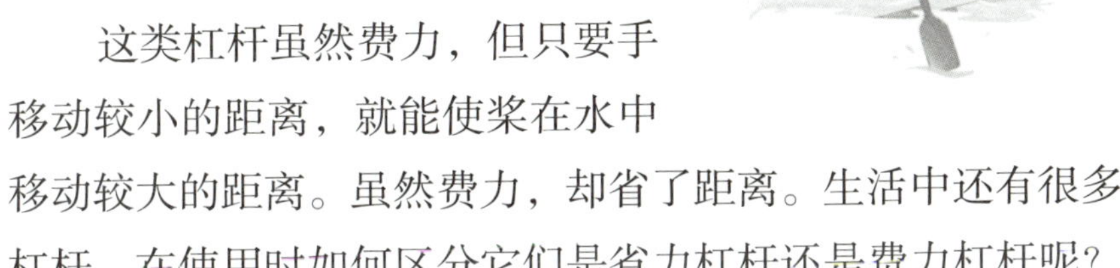

阻力和动力到底谁大谁小，用眼睛看不出来，测也不好测。所以判断不出杠杆属于省力还是费力。

虽然力的大小看不出来，但是力臂的长短是可以看出来的。如果两个力的力臂相等，可以肯定是等臂杠杆，至于是省力还是费力，确实不好判断。

根据你推理出的结论，咱们来判断以下杠杆属于哪一类。

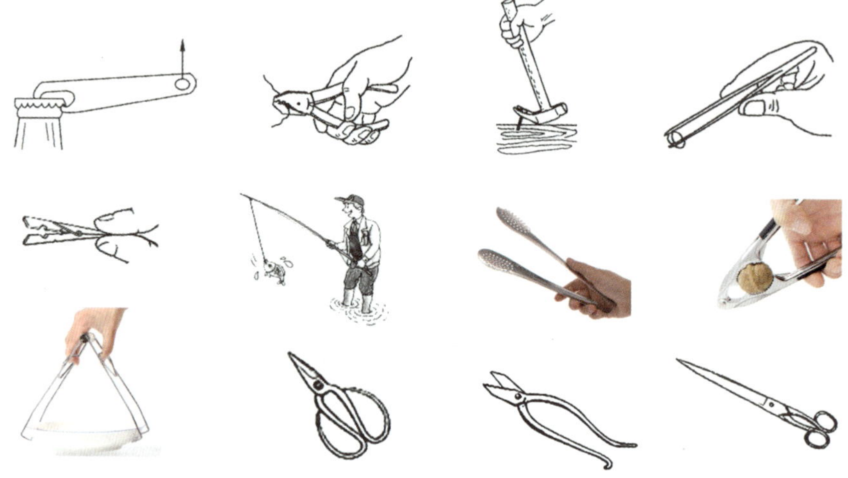

1. 在下图中分别画出钳子、自行车手闸这两个杠杆（图中深色部分）工作时的支点、动力和动力臂、阻力和阻力臂。☆☆☆

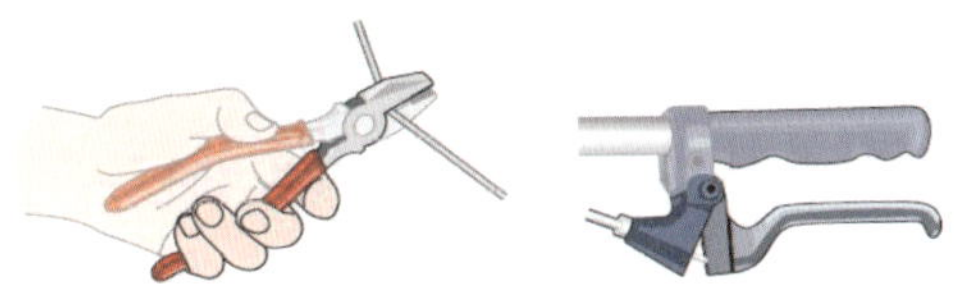

2. 下图为指甲剪的示意图，它有几个杠杆？分别是省力杠杆，还是费力杠杆？☆☆☆

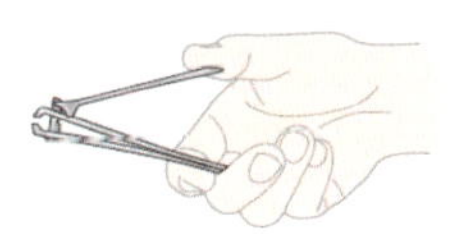

3. 搬运砖头的独轮车，车箱和砖头的总重力 G=1000N，相关尺寸，如图所示。推车时，人手向上的力 F 应为多大？☆☆☆☆

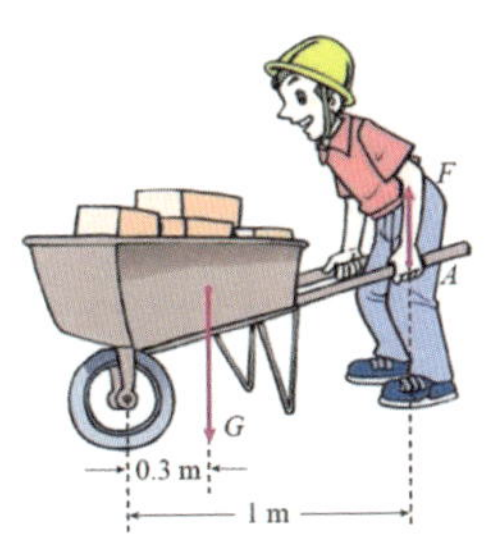

4. 轮轴是一种简单机械，它是由“轮”和“轴”组成的系统。该系统能绕共轴旋转，相当于以轴心为支点，半径

为杆的杠杆系统。所以，轮轴能够起到省力杠杆的作用。请你根据轮轴的相关知识分析：下图所示的水龙头和门把手都是省力杠杆吗？

5．你能采用另外一种方式对杠杆进行分类吗？

本节课案的设计，在遵循学生认知发展规律及学生心理特点的基础上，通过适当的情境设计制造学生的认知冲突，并通过实验探究，引导学生进行深度思考，得出相关概念和规律，提升学生的物理学科核心素养。

课堂、课文、课案有机结合

没有落实就没有基础，没有高度就没有高分

用好课案 助力学习

优质课成常态

第九章

学校整体改革成功的三大指标

一、出名师——让一流的教师教出一流的人才

如果说一所学校就像一台四驱的越野车，那么教师队伍建设就是这所学校的底盘。底盘决定这台越野车的性能、品质和价值，以及驶上高速路之后的稳健性。

学校如何让学生利益最大化？那就是将距离他们最近的人——教师，培养成一流的人。

在我看来，所谓一流的教师人才，往往不是什么学校毕业的、拥有什么学历，而是文化意义上的“一流”和“高级”，其精神结构的要素，至少包括：**文化的底蕴、德行的厚度、内心的高度、审美的境界、精湛的业务、教育的信仰等。**

171 中学在教师队伍建设上，一向具有很好的优势，尤其这十几年来，我们渐渐形成了可持续发展的“出名师”的传统，且已形成学校名师成长文化，每位教师都有机会得到充分、积极、可靠的发展。

1. 教师发展的三个导向：师德，师风，师能

教师是学校的主人，学校发展就是为了教师发展、学生发展，进而最终落到学生的实际获得和未来的成长、成才上。为造就和拥有一批又一批的好教师，171 中学一直坚持

把“立师德、正师风、强师能”作为教师队伍内涵发展的主旋律，并围绕师德、师风、师能建设开展丰富多彩的活动，培育名师成长的土壤和环境。

（1）立师德：倡导每一位教师“做十种人”

师德建设是人才建设的首要工程。171 中学倡导每一位教师“做十种人”，即为人师表的高尚人、团结谦让的开明人、淡泊名利的大度人、扶正压邪的正直人、提高质量的明白人、学术研究的带头人、开拓创新的聪明人、立足本行的实干人、身心愉悦的健康人、品味生活的现代人，并以做“十种人”为导向，注重师德与师风并行，建设严谨高效、务实进取、充满生机活力的教师文化。

171 中学把每年 9 月定为“师德师风建设月”，把师德、师风、师能建设作为学校头等大事来抓，并成立了领导小组，全面引领学校的师德、师风、师能建设工作。

每学期开学之初，学校都会采取教师自学与集中学习相结合的方式，学习《做党和人民满意的好老师》《中小学教师职业道德规范》《中小学教师违反职业道德行为处理办法》等有关师德、师风的文件，共同提高认识，大力弘扬高尚师德，奏响主旋律，传递正能量。

自 171 中学教育集团成立以来，学校每年还举办师德报告会，每一次都让全体教师经历一回正能量的感召。特别是教师们始终以“立德树人”为核心，秉承“有层次、无淘汰”的教育方针，做“有理想信念、有道德情操、有扎实知识、有仁爱之心”的“四有好老师”，“做学生锤炼品格的引路人、做学生学习知识的引路人、做学生创新思维的引路人、做学生奉献祖国的引路人”的“四个引路人”，蓄势聚力，继承创新，不忘初心，砥砺前行。

（2）正师风：塑造每一位教师的人格影响力

作为教师，应该在品行上成为学生的表率，在感情上成为学生的亲人，在学识上成为学生的师长。教师的自身修养、一言一行对学生的教育是每时每刻的，直接影响着学生的成长。

对此，171 中学着力塑造每一位教师的人格影响力，形成完善有效的制度体系，制定规范有序的行为准则，培育现代时尚的环境氛围，并紧盯“知高为师、德高为范”的目标，培育“小成功靠个人、大成功靠团队”的教师合作文化。

“学校无小事，处处有教育。教师无小节，处处是楷模。”在师德、师风建设中，学校除了靠制度约束外，更多的是遵循“正强化定律”，靠榜样引导，既从正面提出要求，又从反面划出禁区。每学年，学校都会评选“功勋教师”，并组织全体教师向“功勋教师”学习，还组织不同形式的论坛、研讨会，推荐优秀教师代表用业绩说话、用案例讲道理，深刻诠释敬业、尊重、宽容、创新的师德内涵。班主任专题培训会围绕“教师修养，班主任的角色意识”“做好规定动作，创意特色动作”等方面的德育话题进行专题辅导。通过系列活动，在良好的师德文化氛围中，学校形成良好的育人氛围，也达到了以“学”养师德、以“规”约师德、以“标”导师德、以“情”化师德、以“案”警师德的目的。

（3）强师能：优化每一位教师的教育力

师德是育人之根本，师能则为育人之保障。171 中学一直将师德师风建设与教师专业发展相结合，与学校发展相结合。努力培养造就一支德业双馨的教师队伍，形成人人争做党和人民满意的好老师的浓厚氛围。学校自始至终将提升教师素养作为核心任务，通过“真教研强师能”，提高教师素养，助推教师成长，优化每一位教师的教育力，从而为学生提供更高品质的教育。

学校通过“专家高位引领，提升教研水准；骨干带头示范，优化人才梯队；系列活动搭台，提高教学能力”等举措，带动并辐射全校教师的提升和发展。学校还高度重视名师队伍建设，通过专业培训、继续教育、外出学习深造等多种方式，为名师成长搭台。

比如，学校将“评教评学”作为师德考核的常规措施。“评教评学”是学校对教师和班主任的师德、教育教学能力、管理能力的综合评价，学生全员参加，无记名给所有任课教师、班主任测评打分。班主任测评分数偏低的，在评选“学年奖励”时不得评选为优秀班主任。

在“评教评学”的同时，171 中学还完善监督机制，助推师德、师风、师能建设。学校成立了从班级、年级到学校三个层面的家长委员会。通过家校学院、家长微信群等途径，实现信息共享、监督反馈、共同合作，助推学校发展。

如今，171 中学教师，以教师职业道德规范来严格要求自己，修师德，养师风，强师能。努力做到“德高”，以德立身、以德立学、以德施教；努力做到“知高”，下苦功夫、求真学问，以扎实学识支撑高水平、高质量的教育教学；努力做到“艺高”，提升教学艺术，善用现代技术，努力为学生提供优质教育，用实际行动树立教师良好形象。

2. 名师成就名校，名师成就英才

教师是立教之本、兴教之源。171 中学经历 60 余年风雨历程，积淀了深厚的文化底蕴和优良的办学传统，同时造就了一支敢于担当、勇于创新、勤于钻研、善于开拓的优秀教师团队，这也为提升学校办学品质和特色，提供了人力资源保障。

“名师成就名校，名师成就英才。”教师素质是学校教育教学质量的根本保障，抓教学质量首先要发展教师。我们坚信一个道理：好教师提供的教育就是好的教育，没有好的教师队伍，任何管理都很苍白无力。

（1）抓教学质量首先要发展教师

教师队伍建设是教学实践的根本。优秀的团队激励着 171 中学的每一位教师做“有层次、无淘汰”的教育，并且树立牢固的责任观：教师是学科质量的第一责任人，班主任是班级质量的第一责任人，备课组长是年级质量的第一责任人。同时，学校还充分利用和发挥骨干教师的引领示范作用，构建了“教研组长队伍——学术高度，备课组长队伍——质量支点，骨干教师队伍——核心力量，青年教师队伍——未来发展，新任教师队伍——新鲜血液”的教师优质发展梯队。

教师队伍建设是教育质量的保障。学校高度重视名师队伍建设：专业培训、继续教育、外出学习深造等多措并举。在教研活动、科研培训、交流考察等方面，学校也都积极提供专项经费支持。

（2）让教师在“有层次、无淘汰”的教学文化中成长

教学文化是一种活动的文化，是传递信息、理解知识、发展能力或生成新知识等方面的积极行动和变化。教学文化也是一种关系的文化，它通过一定的活动建立课堂内外的师生、生生、家校之间的关系，营造教学主体与环境之间的关系，也反映了教学情境中时代变迁与教学者和学习者的关系。

教学文化更是一种显性与隐性交融的文化，它在传道、授业、解惑的同时，也传承、改造、创新了其特有的文化。因此，教学文化是一种持久成形的教学传统、思维方式、价值观念和行为习惯的类型或范式，是教学背景下影响师生教和学方式的力量。

171中学一直致力于打造“有层次、无淘汰”的教学文化，也包含教师素质次第提升，教师发展无淘汰。在优化学习型组织建设中，渗透“大气成大器，合作谋共赢多赢”的文化气质，科学发展，以人为本，团队打造，精诚合作，注重“贵在参与、贵在实践、贵在进取”的落实精神，持续提升教师整体专业素养和水平。

（3）合作共赢，已经成为学校全体教师的信念

良好的团队文化可以使团队成员在轻松愉快的环境中工作，这样，团队成员会彼此信任，且有共同目标，在这种氛围下，团队创造性和潜力会得到极大激发和释放，成效也会显著增强。

虽然每个团队成员都有个性，这是无法也无须改变的，而团队的艺术就在于如何发掘组织成员的优点，根据其个性和特长合理安排工作岗位，使其达到互补的效果。

我把这种团队文化，提炼为三句话：

一是“合者上、能者上、乐者上、勤者上、优者上”。

“合者上”，即倡导善于合作、乐于合作的人先参加培训、教研和学习交流，让其当领头雁，达到人尽其才、扬优显能的目的；“能者上”，即为有能力的人搭建平台，创设条件，使其能大展风采；“乐者上”，即提倡阳光心态，乐观工作；“勤者上”，即弘扬“天道酬勤”“天道酬痴”；“优者上”，即号召大家争先创优，优者为上。“五上”的

岗位理念，从舆论层面营造了让主动者乐于奉献、扬眉吐气的良好氛围，让被动者进入不得不干、干中受益、渐入佳境的教化过程；在团队建设层面，创设了让个体加盟优秀团队，催生优师队伍逐渐壮大、由弱变强的良好生态。

二是“小成功靠个人，大成功靠团队”。

不论是教师还是学生，成就自己的好方式是合作。所以，教育活动从教师备课到学生获得知识、习得技能、养成能力等每一个环节都充满了分享、奉献、合作与享受。教育成为教师和学生成就自己的成长方式，合作成为171中学的人文特质，享受成为教育过程的精神体验。在171中学教师的工作观念里，你中有我，我中有你，个性追求与团队协作高度统一，依靠教师团队的合力，用教师的团队智慧换来学生的“增效减负”。

在现代学校的组织框架下，教师不能各自为政，既不能在功利争夺中内耗，也不能在孤军奋战中沉没，教师团队只有形成合力，才能实现共赢和多赢。除了在校园内构建“合作谋共赢多赢”的团队文化外，171中学在学区内、集团一体化办学成员校之间也营建共享体系。

三是“大气成大器”。

我们还积极创导“大气成大器”，为教师专业成长营造积极向上的氛围，为教师能力提升搭建多元发展的平台。

3. 形成独特的教师评价手段

新课程观下的教师评价，强调对教师作出综合评价。就是用动态的、发展的眼光，对教师工作的各个环节进行系统的、全程的、较长时间的、循环往复的评价。

与此同时，新课程观下的教师评价也注重教师的个体差异。教师在个性心理、职业素养、教学风格、交往类型和工作背景等方面都存在较大差异，因此评价根据这种差异，确立个性化的评价标准、评价重点，以及选择相应的评价方法，有针对性地对每一位教师提出改进建议、专业发展目标和进修计划等。

对此，171 中学着眼充分挖掘教师潜能、发挥教师特长，更好地促进教师的专业发展和主动创新，经过多年探索实践，总结形成了一套以专业绩效导向为特色的综合评价体系，对教师进行多元评价，让每位教师都有出彩的机会。

（1）学生全员无记名“评教评学”

为深入了解教师的教育教学状况，增进师生互动、教学互动，及时反馈教学信息，切实改善教学效果，提高教学质量，171 中学制定了学生“评教评学”制度机制。

“评教评学”是 171 中学对教师师德、教育教学能力、管理能力的综合评价，学生全员参加、无记名给所有任课教师、班主任测评打分，教师得分在96分以上的自动评为“受学生欢迎的教师”。低于80分的学校将委托级部长与其谈话。班主任测评分数偏低的在“学年奖励”时不得评选为优秀班主任。这是学校师德建设和考核的常规性措施。

“评教评学”高度关注教师课堂教学行为，收集课堂教学质量信息，这不仅为学校教学管理决策提供信息依据，也为教师总结经验，找出差距，采取措施，进一步改进教学工作、提高课堂教学质量奠定了坚实基础。而教师也会本着发展、客观等原则，对学生在学习过程中所存在的问题和障碍，提出解决办法，帮助学生克服学习困难，提高学习效率，从而达到整体提高课程教学质量的目标。

学校从近些年统计的“评教评学”结果来看，教师师德水平是令人满意的。全校教师测评的平均分达到96.5分。这表明教师对待学生的态度、职业操守、教学能力等表现，都得到了家长、学生们的高度认可。教师因为用心对待学生，用爱温暖他们的心灵，获得了高评分，这是教师们的成功。学生满意、家长满意，就是社会满意。

（2）特色激励机制让教师和学校共赢

教师从事的教育活动是一个长期复杂的过程，工作中任何成绩都是日积月累的结晶，绝非一朝一夕的产物，仅仅依靠一两次单项评价，不可能真实反映教师工作的整个发展过程和整体面貌，就会导致评价结论与教师实际工作表现出现偏差。

如果缺少综合评价，就无法全面了解评价对象的工作表现，无法把握教师发展倾向和发展需求，也无法修正评价过程中的晕轮效应、趋同效应等引起的各种偏差。因此，要对教师进行多元综合评价。171 中学经过多年探索和实践，总结形成了一套以专业绩效导向为特色的综合评价体系。个人专业绩效评价，有希望之星、教学新秀、受欢迎教师、教学能手、功勋教师五级荣誉类评优和近 20 种涉及教育教学的单项业绩评优。团队专业绩效评价，包括星级办公室、优秀教研组、优秀备课组、优秀年级组、优秀班级组、优秀行政组等评优。

学校的每一项评价均有标准、可量化，师德评价则采取一票否决制，操作时采用定量评价和定性评价相结合、个人评价和团队评价相结合、自我申报和团队评审相结合、民主评议和集中审议相结合等方法，效果明显。

另外，学校依托东城区名师工作室，构建了适应学校特色的“名师工作室”管理体制，在充分发挥名师本身价值的基础上增强其辐射功能，构建以四个特级教师工作室为龙头、教研组为集群、备课组为单位的优秀教师培养模式。完善“1358”青年教师培养工程（即一年成为一个合格教师，三年崭露头角，五年成为骨干，八年成为名师），以老带新，以点带面，加快青年教师的发展和新入职教师的融入，提升教师教学能力和专业素质。在此基础之上，着力规划名优教师培养机制，建立特级教师、市区学科带头人、市区校骨干教师培养体系，努力打造一批名优教师队伍。

（3）向功勋教师学习成为“学年奖励”

171 中学每年都评选功勋教师。功勋教师标准为：①遵循“知高为师，德高为范”师训，堪为表率，奉献精神强；②通晓教育理论、教学论、心理学和现代技术，在本学科有影响力，在教师中有较好的示范作用和辐射作用；③独立承担教育科研实验与研究，能指导本部门工作，专业功底雄厚；④团队意识强，集体荣誉感强，能为扶持更多青年名优教师铺路搭桥，作出不懈努力；⑤ 申报突出四有：有特色、有突破、有材料、有业绩。

学校每年组织开展全体教师向功勋教师学习活动，将他们的先进事迹在大会上宣读，挂在校园网供教师们学习。向“功勋教师”学习成为 171 中学每一位教师最看重的“学年奖励”。

此外，在 171 中学，学校还着力推动“全专业属性”的教师团队发展，促进教师赢得更多职业成就感。

好的教师提供好的教育，学校的发展依靠教师的发展。171 中学坚持“名师成就名校”的理念，牢固树立“所有教师都能成为优秀教师乃至教育家”的观念，积极创设平台，丰富教学活动、拓展教研形式，引导教师设计发展规划，逐步形成结构合理、可持续发展的骨干教师队伍，进而培养有广泛影响力和辐射作用的名师，不断提升学术高度。

小结：

教师的成长，关键是土壤，要疏松土壤、改良水利，以利我们的教师能够深深扎根，然后自己长成一棵树，活成一道美丽风景。让学生在这道风景里，享受最好的教育。

英语特级教师周国彪（左一）

英语特级教师金小红（中）

音乐特级教师许德昌

物理特级教师于虎

英语特级教师孔彬

二、出机制——形成学校整体改革的动力模型

一所好的学校，一定能产出好的机制。

现代科学的一般方法，特别是系统论、信息论、控制论以及耗散结构等研究成果，为机制的研究提供了更加广阔的依据。

1977 年诺贝尔化学奖获得者、耗散理论的创始人普利高津曾指出："即使在最简单的细胞中，新陈代谢功能也包括几千个耦合的化学反应，并需要一个精巧的机制加以控制。"

机制，本来是一个机械工程学的概念，它是指机械工作部分，包括其结构、装置、联结形式、作用方式以及运作过程与程序的总和。它实现着对行为过程与程序的有序性建构、设计和描写。

机制是客观存在的，其整个过程是严格控制的，反映着人们对事物运动过程规律、结构的认识和把握。

机制的概念首先被心理学借用，继而在社会人文学科领域获得广泛的解释和应用，它不再仅仅指实体性的构造、装置及联结的程序方式，而且还用来表示抽象的关系性结构与事物运行转换的逻辑规则、方法程序。

教育上，可不可以叫作机制，可以用要素来验证，机制的要素，至少包括目标、独特的调节方式、动力模型、控制手段，以及期待、机会、评价等子系统。

171 中学近十几年来的教育综合改革进程，可以说是不断产出机制的过程。比如，扁平式的学校管理机制、“学生成长在活动中”的活动机制、行为习惯养成教育机制、中高考备考机制等，其中比较典型的是教研机制。**接下来，我以教研机制为例，介绍“机制”的产出过程和成果样态：**

北京市第 171 中学教研机制

教研是学校发展一个重要的学术引擎，是对教育实践的科学验证，起着智库的作用。“教学是学校的中心工作”这一教育规律决定了校本教研的地位和作用。日本教育家佐藤学也说，21 世纪的教师要从研究“教的专家”转为研究“学的专家”。

生成、沉淀出以课题研究为核心的校本教研机制，可以不断明确学校的发展方向，提炼、优化学校的办学理念，培养教师的科研素养和创造力，促进学生的多元发展，进而形成学校的办学特色。

在教育改革发展的过程中，不断呈现新的问题。以问题为导向，在解决这些问题中，171 中学的干部教师逐渐养成了用科研的视角加以分析处理的意识和习惯，这得益于这些年来生成、沉淀出来的教研机制，也在很大程度上推动了学校的各项发展。

1. 目标：教师做学术研究的带头人

（1）明确教师在教研活动中的主体地位

“要改变一所学校，需要不断开展校内教研活动，让教师们敞开教室大门，进行相互评论，除此以外别无他法。”日本教育家佐藤学认为，“一所学校应该毫不迟疑地简化学校的组织和机构……把校内教研作为学校运营的重点。”

在171中学，新入职和新调入教师的岗前培训、提高师德修养的师德培训、适应新学期要求的全员综合培训、教研组或备课组基于学科问题的日常培训、期中期末的教育教学交流培训等，各种专题培训形成了独特的171中学教师校本培训体系。

教师即研究者，是新课程的基本理念之一。教师在教学实践中发现问题、明确问题，并以此作为自己的研究课题。教师在教学过程中以研究者的身份置身于教学情境之中，以研究者的眼光审视和分析教学理论和教学实践中的各种问题，聚焦问题进行探究，对积累的经验进行总结，从而形成规律性的认识。教师是教学研究的主体，教学研究不只是少数专职研究人员的专利，还应该是所有教师的权利和责任。只有当越来越多的教师，以研究的态度对待自己的教学工作，并且在这个过程中不断提高解决实际教学问题能力的时候，学校教学质量普遍提高才有真正的可能。

在推动教师队伍建设时，我明确提出，倡导教师“做十种人”，其中之一就是倡导教师做学术研究的带头人。

（2）研修促进教师成长

“名师成就名校”，教师是学校发展的动力和灵魂。171 中学的进步、发展，离不开德业双馨的优秀教师队伍。这些年来，我们着力培养一支东城区领先、在北京市具有竞争力的教师队伍，市区骨干教师逐步达到教师总数的 20%。教师专业成长离不开扎实的、有针对性的、高水平的教学实践与研究，教师发展的根本在于教研。

在学校发展计划中，我们明确指出，“教改行动往往是由问题倒逼产生的，又在不断解决问题中深化”。实践生成问题，问题带动教研，教研提升认知水平和实践能力，如此不断螺旋式上升，从而催生各个板块的改革和进步。

多年来，我们的教研工作设计坚持求真务实，以实际问题为牵引，广泛引入新理念、新方法、新思维，做更开放的教研。

一是团队共研共进，积极应对课改。教研组、备课组有明确的教研规划，坚持发扬“真研出真知、真合作出真团队”的教研文化，围绕“课改”“课堂”“评价”等关键问题作教研，务求实效。

二是专家高位引领，提升教研水准。要不断提升教研水平，必须作更开放的教研，走出去、请进来，引进“活水”，创生活力。各组与外界专家的广泛联系和交流，极大提高了学校的教研水平。学校授权教学处密切与市区教研员、学科专家联系，为每个教研组聘请一位专家，让专家现身说法，引进新理念、新方法。

三是骨干带头示范，优化人才梯队。市区骨干教师逐年扩大，对学校优化人才梯队、推进名师工程至关重要。市区骨干教师只有具备持续的实力和影响力，才能引领团队不断迈上更高的平台。学校对区级以上骨干以 2 年为一个评价周期，明确“四个一”的标准，即每 2 年至少做一节区级以上公开课、有一篇专业论文获北京市一等奖或在权威期刊发表、参与一个专业课题的研究、指导一位青年教师取得优异成绩。所有骨干要把专业发展作为头等大事，发挥教研的示范引领作用，带好头，积累素材、扩大影响，争取更大发展。

四是系列活动搭台，提高教学能力。学校每年举行 1—2 次专家讲座活动，落实“1358”工程，组织教龄 3 年以内的青年教师举行汇报课，市、区、校级骨干教师示范课，新入职教师风采课等系列研究课，提升教师理论修养和实践水平。每年还配合教研中心组织 1—2 次市区级大型教学研讨，开展相关主题的市级研究课；积极创造对外交流学习机会，给教师创设更加广阔的学习、研讨、交流平台，实现教师专业发展。

五是积极开展科研，提升理论水平。由教科研中心负责，对科研进行科学规划，教研组紧密配合，以优质的教科研课题为平台，组织大家写论文，上研究课，提高理论和实践水准，同时要求大家积累更多素材，为走向名师奠定基础。比如，数学组参与教育部规划课题、历史组与首师大合作参与“历史学科创新人才培养”课题，在课题研究过程中，教师们作市级研究课、写论文，专业水平得到显著提升。

六是创意教学论坛，广泛辐射经验。授权教学处每学期组织 2—4 次教学论坛，让身边教学成绩优异、教育方法独特有效、擅长“微创新”、敢于创意改革的名师现身说法，让学校自己的名师发挥辐射带动作用。

（3）形成具有共同价值认同的教研团队

卡曾·巴赫在《团队的智慧》中指出：团队是由少数具有互补技能、愿意为共同目的、业绩目标和方法而相互承担责任的人组成的群体。由此可见，组建具有共同价值认同的教研团队，是产出教研机制的关键。

建立教研机制的首要任务是构建具有共同价值认同的的高效团队。独行快，众行远。我提出的“小成功靠个人，大成功靠团队”理念，如今已经在教研机制中发挥价值引领的作用。在 171 中学，团队不是人头组合，活动流于形式；团队也不是简单的工作群体，绩效观念淡薄；团队是一群相互帮助、实现共同愿景的“战友”，学校所有教研活动以团队形式展开，教学质量评价以团队整体评价为主。在这种机制下，教师利用团队智慧获得最优教学，团队活动促进教师快速成长，团队的力量解决众多个人解决不了的问题，实现了教研整体的增效减负。

2. 动力模型：建立三级研究型组织

（1）注重创新管理，探索三级研究型组织

在“基于学习型教师团队建设的学校组织变革”研究中，学校探索出级部、班级组、备课组三级研究型组织建设模式。

①级部引领，研究好“到什么山上唱什么歌”，提升级部校本研修水准。

级部长联合年级组长、备课组长、班主任、任课老师，做到“五位一体”。级部工作目标是让更多的人获得成功，为老师问诊把脉，目的就是鞭策更是成全。管理的本质就是让更多的人获得成功。在此过程中，级部长工作侧重体现“六性”：目标性，指导性，贴近性，实践性，针对性，服务性。级部作为学校管理与实践层面的桥梁，能够保证信息上传下达，提高管理效能，搞清楚老师需要什么，学校能提供什么，把服务做到极致。以时间为纵脉，把本年级“到什么山上唱什么歌”的问题研究透彻。因此，围绕级部教和研的质量，级部管理重点从四个维度着手：

一是级部质量分析会，激发整体质量的校本研修智慧；二是级部教学经验对接会，传承成功且可复制的校本研修成果；三是级部组织考察活动，拓宽校本研修视野；四是级部统领学科，整合学科融合的校本研修力量。

②班级组连横，强化“综合学习力的木桶效应”研究，形成班级团队校本研修合力。在级部下设置班级组。提出“班

主任是班级成绩的第一责任人，任课教师是本学科成绩的第一责任人”。安排班主任做班级管理、授课团队的核心领袖，担任“班级组组长”。一个班级组就是一个木桶，木桶的盛水量取决于最短的木板，所以围绕“班级综合学习力最优”，班级组各学科老师齐心协力、攻坚克难，研究木桶效应，破解现实问题。学生个个有人导，学科处处有人管，克服班级短板、学科短板，使学生学习质量大面积提高变成现实。

③备课组合纵，研究好“真、实、新、活”，形成备课即研究的校本研修内涵。

备课组建设提倡团队运用“蛋糕效应”，即团队分头筹备“蛋糕”、集体汇合“蛋糕”、组长完善“蛋糕”、成员共享“蛋糕”，让每一次教育教学内容与行为研讨，成为教师学思的大交流，成为教师个人智慧和团队智慧的大融合。强大务实的校本研修，不仅使全体教师统一了认识，增强了执行力，而且使教师的专业素养、业务水平、综合能力得到提升，教学质量稳步提高。

（2）注重务本求实，坚持以规范的常规保障持续发展

常规是根本，是抓好质量的前提。教学处坚持抓好常规工作，严格执行学校各项教学常规要求，确保教学秩序规范严谨。

①抓集体备课。“小成功靠个人，大成功靠团队”，最好的团队备课才能有最高的学科质量。各备课组以备课组

长为中心，扎实落实集体备课制度。集体备课严格落实“四定”（定时间、定地点、定主题、定主讲人）、“四流程”（个人初备、集体审课、消化调整、反思提升）。教学干部积极深入各备课组了解集体备课状态。把集体备课落实情况作为评价备课组的首要条件，集体备课打折扣的备课组评优一票否决。不断规范备课记录，教学处设计《171 中学备课记录手册》，进一步规范管理。

②抓课堂常规。课堂是抓质量的第一阵地。教学处依托“可视信息互动平台”、教学干部进班听课、教学干部巡视等方式，加大对课堂的调研监控力度，保证课堂教学高效有序。所有教师必须规范管理自己的课堂，高效利用每一个 40 分钟。教学处完善考勤评价制度，并安排专人管理走班教学课程，确保走班教学科学、规范、有序。

③抓作业落实。课案和作业严格落实“三批三改”制度，加强对“学况”的掌握，提升讲评的针对性和有效性。教学处落实“作业质量月调研制度”，并反馈相关数据指导班级组、备课组予以调整。教师通过科学有效布置作业，实现增效减负绿色发展。

④抓质量监控。非毕业年级期中、期末进行教学处、级部、备课组、班级组、个人等多层面的质量分析，级部创新质量分析的形式和内容，寻找考试数据与教学质量之间的内在联系，使得质量分析更具科学性、针对性和实效性。毕业年级做好月考质量分析，严格对照备考目标，用数据指导备考、用数据纠正问题、用数据掌握学生情况，进一步提升

复习备考效果。

⑤抓调研反馈。教学干部深入备课组，进入课堂，接触学生和教师，做好座谈、调研工作，掌握师生动态，挖掘教学中深层次的影响因素。落实每学期一次指导评教评学，通过问卷调查进行课堂、作业、自习空间等方面调研。教学处通过各种形式的调研了解教学状态，解决教学问题，推广特色经验。

⑥抓自习空间。“自习空间”是培养学生自主学习习惯，落实当天学习内容，完成家庭作业的重要空间。通过自习，他们学会独立思考、独立作业、天天落实，充分调动他们的学习主动性，养成爱学习、会学习的习惯，体会到破解问题、找到答案的乐趣，使学习变得更轻松。教学处注重抓好自习规范，要求教师切实解放思想，敢于把时间留给学生，让他们真正做学习的主人。

3. 教研评价的四个维度：真、实、新、活

秉持“带着教育理想做理想教育”的信念，推动生成教研评价的四个思维：

“真”：解决真问题。比如，以“课案教学法”等课题为抓手，解决教学真问题。比如，对课案教学，课题组总结出：倡导“学生第一”，以学生需求为出发点，坚持从学生

的角度思考问题，坚定“以学定教、以学生为本”，坚持“低端统一、高端开放”；坚持备课“三有”：有人、有物、有法；强化“四流程”： 个人初备—集体审课—消化调整—反思提升；注重“五结果”：预习案、训练案、检测案、PPT 和备课记录。

“实”：人人参与、全程参与。“你有你的想法，我讲我的意见。”171 中学集体备课中，在学术上各抒己见、毫无保留的观念交锋已成常态。在这个平台上，没有“学术权威”，备课组各成员从提升年级整体成绩高度出发，确保“合作第一”，坚持“合作光荣、奉献光荣”的工作观，备课即研究，人人发表观点，贡献智慧，人人参与编写课案，人人参与组内听课评课，人人研究自主高效课堂，无私奉献，通力协作，形成研究氛围浓厚、战斗力旺盛的备课组团队，使课案更优化，PPT 更实效，课堂流程更顺畅。

“新”：与时俱进的微创新。大力倡导课堂教学中的微创新。学习方式变革研究中，尝试微课教学、尝试翻转课堂、尝试混合式学习、尝试智慧教室等，并把这些微创新运用到常态课中。比如：常规课堂中改变课案呈现方式、改变提问方式、改变作业方式等，独具匠心的问题处理、别出心裁的小组合作、富有创意的展示方式等，让创新意识和力量融入课堂每个细节，让同一份学案和教学设计的加工，都不是简单的组合，而是教师个人智慧与团队智慧的有机融合。教师一个微创新，给学生一次微惊喜，让教学一次微改变，让每一个课堂都充满教师智慧的微细节。

“活”：活学活用、迁移变通。以能力立意成为中高考命题硬道理，也成为学校研究备考的硬课题。同一份课案如何在不同的班因班而变、因人而异？经典考题如何微调整以激发学生灵活的思维？如何一题多考？一题常考？如何变中求活、活中求变？曾有兄弟学校教师来校听高三物理课，发现课案中有很多题目没有见过，其实这是物理备课组教师们博采众长、加工再造的结晶。还有学校的化学课，被很多听课教师称为“见过的实验最多的课堂”，一节课有教师展示实验，有学生个体实验，有同桌实验，有六人小组实验。这正是学校化学备课组教师一致认同的化学课堂：实验体验、感知、理解知识的产生过程，比直接获取知识更重要。

4. 独特的调节方式：教研体系融合贯通

（1）九年一贯制的教研融通

171 中学是“九年一贯制”试点学校，承担着国家综合教育改革试点的重任。“九年一贯制”为学校特色高品质发展提供了重要机遇，也为学校发展特别是教研融通提出了新的要求。比如，这个九年一贯制的“贯”，究竟“贯”什么？如何实现小学和初中真正的衔接并整合？如何建立新的精细化管理体系等等。从小学部招生情况不难看出，从起初的招生困难，招收学生 300 多名，纳入 171 中学集团之后，到今天达到 2000 多学生，社会对 171 中学附属青年湖小学寄予厚望。因此，学校加速实现融合，系统构建九年一贯制学生培养机制，在管理模式、课程建设、课堂教学、质量评价等方面实现“九年一贯”。集团将中学部课程建设经验逐步向小学部推广，配合小学部开发课程，形成一定特色，科技、艺术、体育领域课程在融通方面已迈出坚实步伐。中学与小学探索联合教研，学科组长互相进入听课，交流学习，实现提升。

（2）以课程开发为主体的学科教研融通

面对教育改革，学校对课程进行了持续的探索与创新，科技、艺术、体育、技术、校本课程等都实现了选课走班教学，强化课程的基础性、多样性和选择性，为学生个性发展和终身能力形成创造优质条件。实践证明这种发展和创新符合教育部综合教育改革的要求和方向。

（3）综合素质评价的教研融通

综合素质评价以促进学生全面而有个性的发展为出发点和归宿，坚持以发展的眼光看待学生，与学校“跟自己比有进步就好”的评价文化相吻合。从激励、促进学生健康发展的意愿出发，综合素质评价分尊重学生、教师、家长、学校等主体的评价意见，兼顾评价的激励性与客观性，全面反映学生的成长历程。综合素质评价体现过程性、多元性、客观性、细节性等特点。与此相对应，把综合素质评价作为教研任务，在实现全面性的融通、合作上下大功夫。

（4）研究集团一体化发展，扩大优质教育资源辐射

集团化的优势在于，通过多种形式的合作，171 中学在充分发挥辐射作用的同时，能够向新的高度攀升，以确保持续上升的高质量集团化在办学中的生命线地位。为此学校做到：因地制宜，优质资源共享，实现教学教研一体化。

小结：

一所好的学校，必然能产出好的机制。出机制，应当是校长的一项战略性任务，因为只有生成、积淀了不同管理板块的生态性机制，才可以做到“无为而有所作为”，才可以传承、创新，再传承、再创新，形成稳定的格局。

但机制不是死的，是发展开放的。因此，需要建构阶梯式的目标、动力模型、调节方式以及评价的四维要素，遵循“螺旋式上升定律”，牵引机制不断演化、优化、系统化。

骨干引领

示范带动

累并快乐着

教师合作教研

三、出品牌——提升学校的知名度、美誉度和普及度

我们常讲，学校要注重内涵发展，办出特色，这也是我们国家的要求。这里的特色，是指学校工作的某一方面特别优于其他方面，也特别有别于其他学校的独特品质。

“特色”，意味着有独特性、稳定性、优质性和整体性，办出特色，是一所学校整体优化的一个系统工程。不同的学校，都可以办出自己的特色，比如理念特色、校园文化特色、课程特色、活动特色、社团特色等。客观地说，这并不难。从学校特色升级为特色学校，这是学校内涵发展的目标，也是追求进取的难点。

我想探讨的是“特色”如何螺旋式上升的问题，那就是品牌，一流的学校要出品牌，远非仅仅有几点特色。

“品牌”，本来是商业领域的一个概念。现代营销学之父科特勒在《市场营销学》中作出定义——品牌是销售者向购买者长期提供的一组特定的特点、利益和服务；品牌是给拥有者带来溢价、产生增值的一种无形资产。通俗地讲，品牌是一种识别标志、一种精神象征、一种价值观念，是品质优异的核心体现。

对于学校来说，品牌是社会尤其是家长对一所学校及其教育服务产品形成的一种评价和认知，是对学校投入人

力、物力在长期辛勤耕耘中建立起来的一种信任。

品牌的价值，包括内在价值：育人功能、品质和传承价值；也包括外在价值：知名度、美誉度和普及度。

教育的品牌有其独特的评价尺度：

•**真：** 求是（反映办学规律）、求实（符合本校实际，鼓实劲和下真功）、求信（成果和经验的可信度）。

•**善：** 合意合利为善。多大程度上满足社会需要、学生个性全面发展需要和教育工作者成就的需要。

•**美：** 完整（特色结构是否完整）、和谐（各种关系是否和谐）、鲜明（特色鲜明程度）。

对于我们 171 中学来说，十几年来，学校特色很多，已发展成为文化育人特色学校，但就出品牌而言，已上升到品牌的，主要有五个方面：**五步自主高效课堂、课案教学、丛林课程、海量阅读工程、金帆合唱团。** 比如金帆合唱团，在北京市乃至全国都名列前茅，多次代表国家或者随国家领导人到国外演出访问。

结合以上认识，这里介绍一下学校五大品牌之一：**海量阅读工程**。

171 中学海量阅读工程，不仅仅是一个特色精品课程，也不仅仅是一个特色育人活动，当然更不仅仅是建立“书香校园”的一种手段，而是大型的、整体的、优质的学校育人品牌。

2007 年 7 月，我们第一次提出“海量阅读”这个方案，至今已有十二年。十二年来，我们对海量阅读工程初心不改，始终坚守并持续改进。明理之要必在读书，读书的人越多，追求真理的人就越多。所以学校应该成为培养读书人的地方，一个能让师生安心完成“读好书，好读书，读书好”过程的平台。我们创导“把阅读当作师生的共同信仰”，希望大家把阅读这么重要的一件事装入记忆，印在心田，通过阅读好书完善自身的精神结构、内心高度、德行厚度以及审美境界。我们达成共识，“阅读让生活灿烂成诗行”，希望大家把阅读中得来的智慧与力量带入生活，成为有文化、懂生活、有诗意的人。

十多年来，海量阅读给了我们更多惊喜的盛放——周二的“静读课”让知识丰富起来；学科阅读让我们的课堂底蕴坚实起来；晨跑换美文让精神昂扬起来；大讲堂上的分享与争鸣让思维活跃起来；小作者笔下的文学世界让心灵丰润起来；书香雅韵的校园让人格完美起来；从 171 中学走出的读书人也因此对社会的贡献厚实起来。教师们更欣喜地看到：我们精心培育的文化底蕴正是新高考、新中考的改革方向；我们悉心浇灌的博雅之花正盛开在核心素养的土壤之上。总之，171 中学海量阅读工程的滚石效应正在向我们走来。

我们学校的“海量阅读工程”突出在两个方面进行精心筹划打造：

1. 整体规划构思，强化“特别”的品牌价值

学校专门成立领导小组，整体规划、设计，每学期制定专属工作计划，制定出读书主题、读书口号、读书方案，将读书口号格言悬挂于校园各个显著位置；同时开展精彩纷呈的系列活动，让班级校园溢满书香，凸显办学特色，擦亮品牌形象。

2. 营造氛围形成文化，让书海泛香历久弥新

①创设阅读文化氛围。以学校图书馆、阅览室、班级星级书架、书香墙、读书走廊、校园网站开设的创建书香校园网页等作为文化主阵地，打造怡人雅致的阅读环境，建设富有浓郁书香气息的阅读文化，让校园处处氤氲在浓郁的书卷气息中，让校园的每个角落都成为学生沐浴文化、传承文明的窗口。

②铆定“海量阅读”的开学典礼与独特的评价激励机制。171 中学的“海量阅读”工程，理想至上，行动至诚，十几年间完成了一次又一次的升级，蓬勃长青。而其间的每一次开学典礼，都用饱蘸激情与创新的笔墨，书写了理性阅读、清雅读书的华彩篇章。会上每每着力表彰的海量阅读小博士、海量阅读进士状元、翰林学士、海量阅读小讲师、晨跑

明星班、海量阅读优秀班集体等闪亮榜样，全维立体地彰显“海量阅读”的丰硕成果。以书会友，以书赠友，成为171中学新气象新时尚。“九级晋级制”（学校创设的一套激励学生阅读的晋级奖励机制：根据学生阅读的累计字数，自下而上分为九品童生、八品生员、七品秀才、六品举人、五品贡士、四品进士、三品状元、二品翰林学士和一品海量阁大学士九种等级评价，并授以不同徽章。从九品至七品，每晋升一级最低须阅读20万字；从六品至四品，每晋升一级最低须阅读40万字，依次上升。按照这个机制，171中学的学生，初中三年最低能达到400万字的阅读量，如果初高中都在171中学，那么到毕业时最高阅读量可达千余万字），开海量阅读评价与奖励机制的先河，营造海量阅读的整体氛围，让学生浸润其中，体验其中，乐在其中。

③健身与阅读的巧妙结合。强健的体魄使读书充满活力，理性的阅读让身体勃发灵机。每年校园秋季运动会的主题都牵系读书，致力于在运动中增加丰厚的文化给养及阅读的微量元素，学生在“野蛮”其体魄的同时，武装其头脑，文明其精神。各班“读书格言旗”在菁菁校园四周迎风招展，指引读书之路。

④持续组织海量阅读图书漂流活动。活动旨在让一本书去旅行，让好书共分享，让读者去追寻。知识因传播而美丽，心灵因交流而贴近。校园因此墨香满溢，漂流智慧，漂流文明与美丽。

⑤开创儒学讲堂。持续多年利用周二清晨让全校师生

共赴美丽的海量阅读约会，在形式和内容上与时俱进，年年都有新突破，用传统儒学文化涤荡心灵，浇灌学生生命之花。这一讲堂鸣锣开讲以来，深受学生喜爱，师生有口皆碑。

⑥建立分级阅读交流平台。学校在年级、班级层面也创设阅读交流平台，讲座早已走下神坛，人人都是小讲师，讲座内容包罗万象，形成百家争鸣、百花齐放的绚烂氛围，让学生在阅读的广阔天地大有作为。

⑦提供关键的时间保证。海量阅读工程的关键是要确保学生的阅读时间，为阅读提供笃实的课时保障。每周二一个小时的全校“静读课”，每周的语文一课，每个周末两小时的“佳文有约”，思接千载，各美其美，读书三味，意味深长。

⑧荐好书引领读书方向。好书推荐，成为阅读的风向标。为引导学生有方向地阅读，每学年学校都会推荐经典书目给初高中同学，在推荐内容上浅阅读与深阅读兼顾，感性与理性兼容。台湾作家子敏先生说：“书单子很能刺激读书欲，很能培养爱书心，常读书单子的，早晚会成一个爱书人。”

⑨富有魔力的“晨跑换美文”阅读机制。迎着每个清晨的第一缕阳光，都会有上千学生在操场自愿参加晨跑，每个完成晨跑的学生都会从值周生手中得到一份奖励——一篇千字文，作为运动之后学生平复心情的“心灵早餐”。这是171中学“海量阅读工程”的一部分，学校将此命名为“晨跑换美文”。这种独具匠心的别样的早读形式迄今已坚持5年，对于长期晨跑的学生而言，晨跑的意义不仅在于强身健

体，更可以为他们积累大量的阅读体验。每个学期结束，学生们还可以用手中日积月累的美文集换取礼品——巧克力，品味阅读的甜美滋味。

⑩发放浓缩阅读精华的活动点卡。学校每组织一次活动，无论规模大小，都会吸引学生们跃跃欲试，都会发掘每个孩子的潜质，提升孩子的诸多能力与自信力。而使这些精彩而美丽的成长瞬间化为永恒的，是171中学特有的“活动点卡”，所有的活动都有活动纪念卡，设计整体精巧大气，名言哲语回味无尽，令获得馈赠的学生爱不释手，珍藏热度经久不衰。

时间，是最有力量的东西。我们曾对学生阅读量做过统计：初中三年，按照171中学海量阅读计划，每位学生的最低阅读字数为400万字，中等阅读量为720万字，最高阅读量可达1000万字。如果一个学生在171学习六年，高中毕业走出校门的时候，最低阅读量为1080万字，中等的阅读量为1700万字，最高的阅读量可超过2000万字。171中学的海量阅读能够给予学生这样无可取代的毕业厚礼。海阅十年，立德永远。不要小看积累的力量，将海量阅读这件事做到底，我们完成的不是简单的阅读字数的递增，而是一次又一次思想的跋涉，心灵的破茧，是批判性思维、创新性思维的培养，是逻辑思辨能力、语言表达能力、审美能力的提高，是视野的开阔和人生阅历的丰富，是文化自信根子的不断深扎厚植。

同时，我们还组织系列名人讲座、校本名师讲座，创设“文津讲堂”，使学生既接受现代文明滋养，又荣享传统文化熏陶，实现多元发展。由各专业领域风云人物开设的高精尖高讲座，异彩纷呈，如“蛟龙号蛟龙探海”“批判性思维”“科学与工程给社会带来的改变”“矿物晶体讲座”“中国的航空航天技术”等，为学子拨开云雾，让大家脑洞大开，折射笃厚殷实的文化底蕴，为莘莘学子打造一个广袤的“书香天地”，为学生的可持续发展奠定厚实基础。

各年级还创设各具特色的“海量阅读”系列活动，盛况空前。比如：

初一年级举办的“感谢有你，助我成长”的原创诗歌主题朗诵比赛，呼唤感恩之心的回归，感恩父母亲人，感恩老师同学，感恩祖国母亲，感恩世间万物，感恩之情诉诸笔端，植根于心底。

初二年级举办的“汉字听写大会”，汉字小达人们高水准比拼，不仅展示中华汉字的无穷魅力，同时引发对传统文化现状的反思，进而掀起书写汉字的热潮。“畅游书海，博闻强识——名家名篇名句听写大赛”，督促学生广泛阅读古典诗词、名家名篇，使学生亲近母语，热爱中国的文字、文学和文化，在海量阅读中感悟语文之美和传统文化之美。

高一年级举办的“秉烛持墨，品评万世史传；含英咀华，研读千古文章——历史长河中的文化经典”活动，通过学生们的主题演讲，师生一起走进文学经典，学生们通过自主合作的阅读研究，融合历史与文学，融合理性与感性，融合过去与现在，融合理论与实践。

高二年级建设海量阅读小讲师团，在阅读中具有独到见解的同学自愿报名，担任小讲师角色，利用校会时间开设专属自己的讲堂，将平日阅读体会与同学共同分享。高二年级其他同学则根据自身兴趣，自主选择自己喜爱的内容，走班听课。小讲师团制度有效激发了学生阅读积极性与参与热情，获得师生高度赞誉。

小结：

未来三年，在深化做强“海量阅读工程”“课案教学”“五步自主高效课堂”“丛林课程”“金帆合唱团”五个项目的同时，171 中学将以年度计划为牵引，紧密结合集团一体化办学教育体制的探索发展，下足功夫，深度培育出特色品牌，为建设世界一流中学奠定厚实的校本文化基础。

外国友人来校考察

友好交流的记忆

传播中国传统文化

一七一中学欢迎你

第十章

迈上教育集团一体化办学新征程

一、照着做——落实集团一体化办学的指导思想和内在要求

北京市作为首善之区，在教育改革不断深化、新课程改革纵深推进的进程中，率先推行公办学校的教育集团一体化办学，着实是一桩大事情。

2016 年，北京市启动中小学集团化办学专项研究；2017 年，“探索集团化办学”改革任务被纳入北京市政府重点工作；2018 年 9 月，北京市出台《关于推进中小学集团化办学的指导意见》，标志着北京市中小学集团化办学进入规范发展阶段。

近几年，东城区通过集团化办学促使优质教育资源均衡化，有效实现教育公平，做到“五坚持五探索”：坚持资源共享，探索供给侧改革之路；坚持优质均衡并举，探索组团共赢之路；坚持因地制宜，探索现代学校治理之路；坚持文化先行，探索教育内涵发展之路；坚持人民为中心，探索教育公共服务品质提升之路。

我的体会是，一切先“照着做”，按照市区两级教工委、教委的要求，吃透、落实上级关于集团一体化办学的指导思想、基本原则以及主要任务等做好落实这篇大文章，老老实实、踏踏实实、扎扎实实抓好上级有关文件精神贯彻执行。

一七一教育集团召开一体化办学研讨会

一七一附小“金百灵”合唱团在集团办学中成长

欢迎一七一怀柔分校学生到总校“留学”

一七一朝阳分校的师生们

二、接着做——立足171中学实际，开创一条独特可行的道路

1. 目标定位

在教育改革不断深化、新课程改革纵深推进过程中，171中学教育集团要通过进一步切实有效的实践，遵循“把一件事情做到底”、“让每一个学生都有出彩的机会”、做“有层次、无淘汰”教育等办学理念及教育方针，发展优质教育和特色教育，达到具有市级名牌教育集团竞争力的目标。

市级名牌教育集团应具备的核心竞争力要素：结构相对合理的名师集群（一是能培养出众多重点大学学生的备考型名师、二是能在学术领域有影响的名师）；具有一定数量规模的各类特长学生（尤其是科技特长生）；科学、有用、高效的课程体系；针对办学目标灵活而务实的相关政策；前瞻、务实而坚定的教育教学推进举措；良好而富有生机的教育集团文化；具有凝聚力的教师文化；良好而丰富的社会关系资源。

要持续发展并努力创造教育集团应呈现给社会的重要亮点：连续三年左右的名校人数（如北大、清华上线率录取率和被国外名牌大学破格录取人数）、600分以上的高分人数名列前茅；中考、高考市区状元；重点大学上线率99%以上，重点中学上线率70%以上；全体学生整体意义上的学习质量得到大面积提升，切实体现“有层次、无淘汰”，人人合格；学

生在校学习乐学、爱校，心理满足度逐年提高；被广泛关注的国际国内竞赛获奖，第一、第二名团体和个人数量有绝对优势；与宣传部门和新闻媒体沟通合作良好，具有较高社会认可度。

争创市级名牌教育集团要处理好的核心关系：学生发展、教师发展、课程发展之间的关系。其中，教师是核心，学生是关键，课程是基础，制度是保障，文化是动力。

2.171 中学教育集团现状

北京市 171 中学教育集团成立于 2016 年 1 月，集团成员校包括北京市第 171 中学，北京市第 171 中学附属青年湖小学，北京市第 171 中学朝阳分校小学部、中学部，北京市第 171 中学怀柔分校高中部——怀柔一中，北京市第 171 中学怀柔分校初中部——怀柔三中。其还包括和平里一小、安外三条小学、地坛小学三所联盟校，北京市第 171 中学康庄分校授名校，新疆和田北京中学，延庆沈家营中学对口支援校，安徽阜阳援建校，等等。集团现有 8 个校区，协作单位近 20 家。

3. 近年来的探索及成功经验

北京市 171 中学教育集团，坚持因地制宜、因校制宜原则，探索新的办学方式下学校内部管理多样化模式，切实做大优质教育资源蛋糕，实现“穿越区域、优质辐射、名校带动、协同合作、整体发展”，使“171”品牌不断放大，赢得了社会广泛的肯定和赞誉。

（1）同频共振：整体谋划—顶层设计—路径规划

教育集团一体化办学的使命在于发挥总校优质教育资源优势，实现优质教育品牌增值。为此，我提出“同频共振、以融增容、多向聚能、一体成长”的集团建设理念。以171中学的办学优势、经验以及面向未来的教育探索，实现集团文化、价值观念、发展战略等全面融合，带动成员校共同发展，实现教育质量共同提升，实现1+1>2，2+2>4的办学效果。

同时，还提出“一个总目标、两个操作目标、三个发展阶段、七条实施路径”。一个总目标是创办“让每一所学校都优质，让每一位教师都幸福，让每一个孩子都出彩，无边界的教育公平命运共同体”；“两个操作目标”是“文化认同、人心归一”和“提升内涵、品牌增值”；“三个发展阶段”是成员校先由171中学“扶着走”，继而“自己走”，进而“一起跑”，即“立体建构、阶梯推进、跨越式发展”；“七条实施路径”是“物理组合、文化浸润、机制重构、课程重构、和而不同、各校联动、社会支持”。

发展目标和顶层设计的成功，使集团各分校的发展初步实现了“同频共振”。首先，通过制定集团化章程实现校际文化同频共振，通过组织结构变革实现校际组织机制同频共振；其次，通过学案和课堂模式复制，实现校际教学改革同频共振；再次，通过开发和设计贯通课程，实现校际课程同频共振；最后，通过师资统一培训，如新教师入职统一培训、集团年度校本培训、学案教学对接培训及课程衔接级部培训等，实现集团内师资培训的同频共振。这些都为教育集团今后发展奠定了基础。

（2）多向聚能：物理组合—文化浸润—机制重构

一是物理组合，搭建集团发展的“形”。

硬件条件是学校办学的基础，是其“形”。集团集中人、财、物，优先提升合并校。如 171 附属青年湖小学的西教学楼收回改造、校园文化建设等。而中学部机器人活动教室、人工智能实验室、科技创新工作室、人偶动画创作室、金工木工室、数理实验室、微生物室、生化测量室等十几个实验室对附小开放，极大地满足了附小学生学有专长、学有特色的需求。再如，原 177 校部教学楼附小五、六两个年级进驻，教室、礼堂等对集团的开放，有效保证整体教学秩序的正常运行。还比如，朝阳豆各庄分校的筹备建设，所有设备投入都由集团负责，于 2017 年 10 月至 12 月底完成校园安防监控，教学楼一层和二层教室的简装修、校园网络、教室教学设备配备以及部分功能教室、理化生实验室的配备，保证了新学期的正常开学运转，而其后的建设和完善集团仍是毫不懈怠、竭尽全力。总之，集团化的过程就是打破空间阻隔，将各成员校融合提升为强大整体的过程。

二是文化浸润，凝聚集团发展的“魂”。

集团化发展更少不了学校文化这个“魂”。我担任校长以来，坚定不移地执行“有层次、无淘汰”的教育方针。在制度文化上，以级部制实现扁平化管理，实现高效高质；以“五步自主高效课堂”和课案教学实现全员优质；以特色项目和特色课程实现精英培养；以特色德育实现学生知情意行的和谐发展等。在行为文化上，则是推广辐射“大气成大器，合作谋共赢多赢”，“小成功靠个人，大成功靠团队”。

集团化的过程，就是将这些核心文化辐射传播开来，融入成员校，与成员校的教育价值和职业追求同频共振，产生新的办学效能的过程。

如附属青年湖小学的发展重点，是紧紧抓住十大融合课题——办学文化、组织机构、办学条件、课程建设、德育模式、教学模式、特色项目、教育经验、资源建设、教师情感，在“合编合心合力”上下功夫，寻求优势叠加、优化组合、融通共赢。尤其是文化相融上，采用了“渐进式——议”“进入式——学”“硬推式——训”“能动式——行”四种方式，把171文化内涵内化于心、外化于行、固化于制。

又如171中学朝阳分校的发展按照“一体两翼”的发展思路打造初中部和小学部。其中，初中部由集团本部对其“捆、帮、带”，实现整体的快速提升；小学部则由171附属青年湖小学部按照“强附小兴分校”的原则实现共同成长发展。

三是机制重构，铺设集团发展的“道”。

教育集团的成立，形成了东校区、北校区、西校区、小学部、朝阳分校两个校区、怀柔分校两个校区8个校区的地理空间格局，校区间的空间距离客观上削弱了集团一体化管理的效能，校区采用执行校长负责制和级部制管理相结合的分布式管理模式，形成集团理事长（总校长）、执行副校长、级部长、教师学生的扁平化管理体系。通过减少管理中间环节，实现跨空间管理的效率，增强执行力。而与此相契合的是以集团三年规划、集团章程和集团规章制度等加强集团机制的制度文化内涵。

集团化建设上，注重发挥171中学的统筹作用，实行“雁阵管理”。理事长全面负责、统筹协调各个校区的工作；各校区配备完整的管理团队，实行集团办公会统一协调下的常务校长负责制。各校部成为相对独立又紧密联系的各个和谐、高效的小雁阵，其同频共振产生的“向上之风”，有效增强了组织的管理效能。目前，171中学教育集团管理层的核心文化初步形成：对自己，各尽其责，干好负责的板块；对他人，换位思考，补位工作；对团队，树立全局的观念，秉承求同存异，既讲分工更讲合作理念。

以附属青年湖小学为例，形成初期：成立领导7人小组（校长、书记、常务副校长、德育副校长、教学副校长、工会主席、总务主任），实施级部管理；发展中期：集团化运作形成四级管理：①集团行政会制度，②教学点工作会，③集团教学点协调会，④级部管理会，并在发展过程中不断完善组织机构，使学校管理水平不断提升。

以 171 中学朝阳分校为例，建设初期成立 3 人筹备小组（集团理事长、总支书记、执行校长）。招生运转之后，建立 7 人领导小组（集团理事长、书记、常务校长、德育副校长、教学副校长、工会主席、总务主任），实施级部管理，并根据学校建设情况不断调整、不断探索。

除此之外，建立全面而系统的协调机制。如会议协调，采用集团联合办公会、各分校行政例会和现场办公会的方法。如谈话协调，包括个别谈心和协商对话协调。总之，集团化的过程就是协调化解各种矛盾，形成合心合力的过程。

（3）一体成长：课程优化—队伍转化—品牌亮化

一是课程优化——更丰满、更适合的课程体系。

在集团化发展过程中，171 中学实行特派员制和督导制。在附属青年湖小学、171 中学朝阳分校进行日常听课、参与备课、跟进学科管理过程，将“海量阅读”“课案教学”等推广实施，附属青年湖小学遵循“精深微妙研课案，合作共赢促发展”的教学思路，课案教学从零起步到现在升级版的课案，五年来共计研制课案 6276 篇、课案研讨 595 次、听课 915 节。课案教学有效催生学生变化、教师变化、课堂变化。

课程是学校的核心，更是成员校改变的必由之路。如今的附属青年湖小学利用集团化优势，借高校专家资源、中学骨干教师团队、校内骨干教师资源，以重点打造学生科技、艺术、体育特长为目标，开设 4 类 58 门多元课程，构建起课程生态丛林。使国家课程有创新、地方课程有辐射、校本课程有特色、社团活动成精品、综合课程有实效。

对 171 中学朝阳分校来说，做好与 171 中学教育集团的“融合、融通、融入”三融工作首要的仍旧是课堂与课程建设。首先在理念学习上下功夫，教师们逐条学习“有层次、无淘汰”教育方针；其次是进行课案教学及“五步自主高效课堂”的引入，由集团各级教学干部对分校教师进行相关实践培训，并请本部各学科教研组长和教师作课案教学经验分享；最后分校展开全面的课堂建设，并着手研究校本课程建设工作。

二是教师队伍转化——两个阶段的提升。

①文化“化”人：171 中学把“肯包容的态度、善协同的能力、重责任的精神”这三个维度，作为集团教师合作共赢文化建设的目标。“合人先合心”，比如原 177 校部融入 171 中学，校本部将此当作头等大事，设计了一系列融合新并入教师学生的活动，在岗位安排、教师待遇等方面一视同仁，使新成员从忐忑到稳定，从感染到感动，从

情感上消除了隔阂。在融洽的前提条件下，“师与生共同成长，家长与社会共同满意，规模与质量互促双赢”的集团愿景应运而生。此时，集团再引导教师把自己“摆进去”，审视自己在集团发展大愿景中如何实现个体职业价值。由此，实现了教师融入三部曲：信——对学校文化的认同；愿——愿意主动投入；行——将责任自觉扛在肩上。

②“快车道提升计划”：不“换血”，要“造血”。从维持稳定出发，集团实施“快车道提升计划”，以五项举措助推新并入教师快速成长。一是骨干引领，集团责成各级骨干教师，对新并入教师进行“师带徒”指导，并纳入171中学的骨干教师、最受欢迎教师、希望之星梯队成长工程；二是教师培训，对新入职教师、新调入教师进行系统培训，使其了解171中学文化、培养理念、办学目标和行为准则等；三是建立“研究共同体”，将新并入教师融入课案教学、“五步自主高效课堂”两项传统教学实践和研究之中；四是评价促进，通过领导评、教师评、学生评、家长评，促新并入教师比工作、比业绩、比对团队贡献率；五是委以责任，敢于把重要岗位和展示机会交给新并入教师。

以171中学教育集团附属青年湖小学为例，近年来，60位教师在市、区、学区说课、作展示课、作经验交流，52人次获市区级教育教学比赛一、二等奖；195人次在市区级论文评比中获奖，其中35人获得一等奖，90人获得二等奖，70人获得三等奖。

以2018年为例，原177校部的20名教师全部融入171

中学常态课堂教学，与171中学教师一起“肩并肩”一线教学。比如，原177校部孙静老师所带初三联盟班学生在初三一模中获全区数学最高分；原177校部全部教师与171教师逐一师徒结对，经过两年磨合，有15名教师被评为校级优秀徒弟；原177校部7名教师参与校级评优课并获奖；原177校部教师有6人在市区级各级各类教学设计、说课等竞赛中获奖。

又如171中学朝阳分校，2018年2月并入集团后，在集团教学干部带领下，面对分校初三年级即将参加中考的紧迫任务，171中学本部先后派出骨干教师到分校进行听评课并展开学科指导；分校组织教师到本校听初三年级复习课、研究课并深度交流，组织初三全体师生到总校观摩课程，并组织全体师生参加集团“文体节”，等等，通过系列活动，初步完成朝阳分校与171中学教育集团的“融合、融通、融入”，使学校平稳过渡，迈好开局启新第一步。

三是效能升华——各校联动，亮化集团品牌。

集团关注到每个校区自身独特的个性资源、办学优势和文化习惯，通盘予以盘活、开发、利用、共享，建立联动机制，激励发挥各自主观能动性，实现能量1+1＞2的集聚。

各成员校在融入过渡期中高考质量不仅没有降低，而且呈现强劲的发展势头。比如，2018年自主招生中，171中学教育集团共有近百名学生获得北大、清华、人大等985高校的自招资格。

比如附属青年湖小学生源的增量：2014 年 17 个教学班，学生人数仅 300 多人，2019 年达到 52 个教学班，学生人数为 2016 人；师资的增量：2014 年教师 43 人，现在达到 186 人，很多优秀教师慕名前来应聘，小学教育品质的社会认可度不断提升。

（4）问题与展望：参议会—督导制—轮岗制

原有的集团联合办公会在集团化发展过程中发挥了重要作用，在决策部署、传达执行等方面保证了高效高质，但这一会议更多的是从管理的角度设置内容，在一定程度上局限了其作用，容易成为处理具体事务的会议。而集团的进一步发展需要宏观前瞻思维，需要办学文化的提升，这就需要“集团发展参议会”定期召开会议，形成可行性建议，为集团领导层决策提供参考，保证集团发展科学高效。

集团为加快成员校融入步伐所设立的特派员制度和督导制，实践证明是可行的。下一步将扩大范围和比例，出台工作条例，使其工作的方向性、目标性、任务性更加明确。

现有的校区制、级部制所形成的雁阵管理，分工明确，工作效率较高，但也容易形成校区、级部负责人的山头意识，长此以往容易故步自封，忽视集团发展全局，为此集团建立了岗位人员调整交流机制，实行轮岗制。

以上三个方面是面对当前迫切形势任务所作的一些思考，其他如十二年一贯课程建设，各校部特色课程，各校部、干部、教师的考评体系，等等，正在不断探索建设之中。

综上所述，北京市 171 中学教育集团的集团化办学过程，就是勇于承担社会责任，践行教育理想的过程。我们不唯生源，而是负责任地接纳就近、对口入学的全体学生。学校追求尽可能适应学生差异，满足学生个性发展需求，促进每个孩子健康快乐成长，可持续高水平发展的教育。干部教师不辱使命，积极承担培养拔尖创新精英人才的义务和责任。从校情、学情出发，开展课程教学改革，主动探索提升学校办学水平的有效策略。集团化办学过程，更是“多向聚能、一体成长、同步发展、栽木成林”的过程。我们不畏艰辛，勇于探索，将 171 中学的文化成功辐射、复制、再生于集团各分校，赢得文化一体化发展。打破时间空间阻隔，将优质教育资源互通互融互用。教育规模扩大，集团内部的多元化、差异化，为集团特色发展孕育出新的增长点。集团化发展，使 171 中学教育品牌提升，教师价值凸显，学生受益面扩大，优质资源得到充分发挥，体现了基础教育公平与效率的双赢，“办家门口的优质学校”的承诺正逐步得到落实。集团化办学任重道远，我们当上下求索、砥砺前行。

教育是追求未来的永恒事业，我们 171 中学教育集团将秉持理想之光，在未来的深空中力行远航。

让我们带着教育情怀一路向前

让快乐飞翔

继往开来献礼新时代

因为有了你，一七一中学更美好

参考书目：

1.《成功教育》，刘京海主编，福建教育出版社，1999 年 8 月第二版；
2.《讲授学》，杜和戎著，高等教育出版社，1995 年 10 月第一版；
3.《课程的逻辑》，钟启泉著，华东师范大学出版社，2008 年 5 月第一版；
4.《四书章句集注》，（宋）朱熹著，中华书局，1983 年第一版；
5.《老子绎读》，任继愈著，商务印书馆，2009 年 12 月第一版；
6.《中国文化的根本精神》，楼宇烈著，中华书局，2016 年 7 月第一版；
7.《教育建模》，查有梁著，广西教育出版社，2003 年版；
8.《教育的智慧》，林崇德著，开明出版社，1999 年 1 月第一版；
9.《小逻辑》，黑格尔著，上海人民出版社，2016 年版；
10.《静悄悄的革命》，（日）佐藤学著，长春出版社，2003 年 1 月第一版；
11.《学习的基本理论与教学实践》，（美）比格著，人民教育出版社，1991 年 3 月第一版；
12.《什么是教育》，（德）雅思贝尔斯著，生活·读书·新知三联书店 1991 年版；
13.《教育是没有用的——回归教育本质》，林格著，北京大学出版社，2009 年 10 第一版；
14.《教育就是培养习惯》，林格著，清华大学出版社，2007 年 10 月第一版；
15.《深入学习习近平关于教育的重要论述》，教育部课题组编，人民出版社 2019 年 5 月第一版。